Daniel Meurois

La Médecine des trois S

Sexualité, Sensualité, Spiritualité...

Une rencontre corps, âme et esprit

Éditions Le Passe-Monde
Québec

*** De Daniel Meurois et Marie Johanne Croteau, aux Éditions Le Passe-Monde**
Le nouveau grand livre des thérapies esséniennes et égyptiennes
Méditations et pratiques de sagesse

*** De Marie Johanne Croteau, aux Éditions Le Passe-Monde**
Le don du souffle...
Ces âmes qui nous quittent... *12 récits véridiques venus de l'Au-delà*
Le portail des elfes... *souvenirs d'ailleurs*

*** De Daniel Meurois, aux Éditions Le Passe-Monde**
Les Apocalypses de Jean... *entre Éphèse et Patmos, il y a deux fois mille ans*
Le livre secret de Jeshua... *La vie cachée de Jésus selon la Mémoire du temps T 1*
Le livre secret de Jeshua... *La vie cachée de Jésus selon la Mémoire du temps T 2*
Le Chamane et le Christ... *Mémoires amérindiennes*
Le labyrinthe du karma... *Déchiffrer et comprendre notre contrat d'âme*
Les 108 Paroles du Christ... *108 perles de sagesse pour le temps présent*
Advaïta... *libérer le Divin en soi*
Le Testament des trois Marie... *trois femmes, trois initiations*
Il y a de nombreuses demeures... *à la découverte des univers parallèles*
Les Annales Akashiques... *Portail des mémoires d'éternité*
Ce qu'Ils m'ont dit... *Messages cueillis et recueillis*
François des Oiseaux... *Le secret d'Assise*
Visions esséniennes... *Dans deux fois mille ans*
La méthode du Maître... *Huit exercices pour la purification des chakras*
Ainsi soignaient-ils... *Des Égyptiens aux Esséniens...*
Comment dieu devint Dieu... *Une biographie collective*
La Demeure du Rayonnant... *Mémoires égyptiennes*
Vu d'en haut... *Rencontre avec la Fraternité galactique*
Les maladies karmiques... *Les reconnaître, les comprendre, les dépasser*
L'Évangile de Marie-Madeleine... *Selon le Livre du Temps*
Louis du désert - *Le destin secret de Saint Louis, Œuvre intégrale en 1 volume*
Le Non désiré... *Rencontre avec l'enfant qui n'a pas pu venir...*
Ce clou que j'ai enfoncé... *À la reconquête de l'estime de soi*
Les enseignements premiers du Christ... *À la recherche de Celui qui a tout changé*

*** De Daniel Meurois en collaboration avec Anne Givaudan, aux Éditions Le Passe-Monde**
De mémoire d'Essénien... L'*autre visage de Jésus*
Chemins de ce temps-là... *De mémoire d'Essénien tome 2*
Récits d'un voyageur de l'astral... *Le corps hors du corps...*
Wesak... *L'heure de la réconciliation*
Le voyage à Shambhalla... *Un pèlerinage vers Soi*
Le peuple animal... *L'âme des animaux*
Les Robes de Lumière... *Lecture d'aura et soins par l'Esprit*

*** Aux Éditions S.O.I.S. également de D. Meurois en collaboration avec A. Givaudan**
Terre d'émeraude... *Témoignages d'outre-corps*
Par l'esprit du Soleil
Les neuf marches... *Histoire de naître et de renaître*
Chronique d'un départ... *Afin de guider ceux qui nous quittent*
Celui qui vient
Sois... *Pratiques pour être et agir*
Un pas vers soi... *Sereine Lumière*

*

Bandeau de couverture : Adaptation d'une œuvre traditionnelle himalayenne
Infographie : Typoscript – Montréal, selon un concept de Daniel Meurois
Saisie du texte et prémaquette : Lucie Bellemare. Maquette finale : Marjorie Patry
La plupart des illustrations ont été réalisées par Thomas Haessig

À ma douce Mouffe Salem
dont l'âme était aussi pure et aimante qu'un cristal...

Éditions le Passe-Monde
C.P. 1002, 1015 Bd du Lac, Lac-Beauport, (QC) Canada G3B 0A0
passe-monde@ccapcable.com
https ://www.facebook.com/DanielMeurois/

Prologue

Pour le Logos

Il y a quelques années j'ai fait paraître un livre intitulé Advaïta, un ouvrage qui a aussitôt suscité un intérêt soutenu chez celles et ceux qui sont à la recherche d'une parcelle de Divin en eux, Son empreinte indélébile. Une quête qui, à mon sens, nous invite à découvrir la véritable clé pouvant mener à la sortie de nos errances humaines.

Mais avec le temps qui passe et le recul que celui-ci procure, il m'est peu à peu apparu qu'*Advaïta* réclamait une sorte de complément ou d'approfondissement en prise directe avec la dualité exacerbée, parfois primaire, qui asservit de plus en plus nos sociétés.

En effet, partout le combat corps/esprit fait des ravages même si, dans notre Occident en perte d'identité ou en reniement de celle-ci, la notion d'esprit ne signifie plus grand-chose en regard d'une matière glorifiée de façon biaisée parce que coupée de sa nature essentielle et de sa destination.

Ce livre ne saurait bien sûr avoir la prétention de dissoudre un tel antagonisme mais il espère suggérer des pistes de maturation pour l'apprentissage d'un cheminement qui permettrait de considérer la vie et les humains que nous sommes au-delà des apparents contraires décrétés par des millénaires d'ignorance.

Car, n'en doutons pas, le fondement de nos problèmes en tant qu'espèce est celui de l'ignorance, l'ignorance de cette étonnante et merveilleuse "trinité" que forment notre corps, notre âme et notre esprit en dessinant une sorte d'Arbre qui pourrait bien ressembler à celui de la Connaissance...

Au gré des pages qui suivent, je parlerai par conséquent de racines, d'un tronc et de ses branches qui, tout naturellement, n'ont pour raison d'être que celle de la naissance d'un Fruit n'ayant rien de "défendu" ainsi qu'on a voulu nous le faire croire... Non, en vérité, rien de défendu puisqu'il est celui de l'Éveil, autrement dit celui des Retrouvailles avec la Mémoire de notre Origine.

Est-ce de l'ordre du tabou que de se tourner vers ce qui pourrait nous restituer à nous-même ? Aux yeux de certains, il semblerait que oui, à cause de la peur enfantée par un obscurantisme entretenu, devenu congénital, et par notre incapacité à sortir d'une hypnose nous contraignant à tourner en rond comme pour alimenter puis perpétuer une guerre dépourvue de sens.

Ce livre se veut donc être un artisan de Réconciliation, une proposition de "travail" sur soi bien que - ainsi que je le mentionnais dans *Advaïta* - la notion de "travail" fasse souvent hésiter.

Alors... c'est à ceux qui ont du courage, au sens cardiaque du terme, et de la volonté que je m'adresse ici... ou peut-être tout simplement à ceux qui sont fatigués de piétiner la terre battue autour de leur propre pivot, ces hommes et ces femmes qui réalisent que pour s'élever au-dessus des deux Principes basiques officiellement opposés, il faut avoir la force d'en envisager un troisième, celui que Myriam de Magdala nommait *"Ce qui fait avancer"*...

De là l'Arbre que je mentionnais plus haut, de là aussi les trois "S" et leur Médecine, c'est-à-dire leur enseignement initiatique suivi de leur mise en pratique "métamorphique".

Le premier de ces "S" sera bien évidemment celui de la Sexualité en rapport avec le corps et sa noblesse bafouée puis salie, une Sexualité observée et vécue par une approche du Tantra.

Le second sera celui de la Sensualité en rapport avec l'âme, traductrice du possible rôle secret des sens et de leur fonction élevante parce qu'initiatique.

Quant au troisième, il ne sera autre que celui de la Spiritualité dont la destination est de transcender l'être tout entier en embrassant - dans toutes les acceptions du terme - les deux précédentes.

Si je n'évoque pas un quatrième "S", celui du Sacré, c'est parce que je me suis appliqué à le rendre à la fois palpable et subtil au cœur de chacun des mots qui se sont glissés sous ma plume.

En fait, on le comprendra, il n'est jamais question que de Lui dans ce que chaque jour nous invite à incarner et à cultiver…

Daniel Meurois

1ère partie
La Sexualité

Chapitre I

Un tour d'horizon

"*Elle était fort en peine et vint à me demander avec une innocence à nulle autre pareille si les enfants qu'on fait se faisaient par l'oreille*"[1]

Si je me plais ici à citer Molière comme entrée en matière à une réflexion sur les rapports entretenus entre le corps, l'âme et l'esprit, c'est tout simplement parce que, sous son aspect humoristique et taquin, cette tirade représente étonnamment une pensée qui fut en vogue dans une certaine littérature chrétienne et romaine. On trouvera cela insensé et ridicule aujourd'hui, évidemment, mais pourtant...

En matière religieuse - et non pas spirituelle - l'idée que le corps et donc "l'outil de sa fabrication", le sexe, soient inévitablement sales a toujours eu scs adcptcs. Et même si plus personne de nos jours ne se hasarderait à prétendre que Jésus ait pu être *conçu par l'oreille* de Marie, nombreux sont encore ceux qui demeurent persuadés que la chair est à jamais impure et se pose donc en tant qu'éternelle ennemie de l'Esprit.

---

[1] Molière dans "L'école des femmes", I.1 (V. 162-164). Rabelais s'est également amusé de l'idée, lui qui fit naître Gargantua par l'oreille gauche de sa mère...

L'argumentation chrétienne est d'ailleurs vite trouvée : Si le corps et son expression par le sexe n'étaient pas vils, pourquoi le Souffle Divin, annoncé par l'Archange Gabriel, aurait-Il fait naître Jésus à travers le ventre d'une femme qui demeurerait malgré tout "toujours vierge" ?[1] Que l'on soit croyant ou pas, notre inconscient collectif est marqué par tout cela...

Mon propos n'est certes pas de débattre ici de notions théologiques complexes mais d'inviter à sortir du piège d'une dualité infantilisante.[2]

Sans faire de pirouettes linguistiques ou philologiques nous ramenant à d'antiques écrits sujets à caution et à querelles, un peu de bon sens suffit pour comprendre que le Principe-même de l'Esprit appelle et génère inévitablement une Forme afin de pouvoir se manifester... Et qu'est-ce que Se manifester sinon *Être* ? Faute de quoi - pardonnez-moi si je choque - il n'y aurait jamais qu'une sorte de "grand onanisme cosmique" tournant en rond sur lui-même et voué à l'asphyxie avant même que d'avoir commencé à envisager une respiration.

L'image du breuvage et de la coupe est évidemment vieille comme le monde aussi n'en abuserai-je pas plus que cela sans m'être auparavant attaché à poser un regard autre que classique sur la vraie nature de la coupe, sur ce qu'elle devrait être et, tout au moins, sur la façon dont il conviendrait de la considérer.

Serons-nous encore longtemps des foules d'ilotes borgnes à n'y voir qu'un bol de carton ou de plastique plus ou moins bien "décoré" susceptible de recueillir éventuellement le meilleur des Champagnes ?

Quant à moi, je vous invite sans plus attendre à considérer le fait que son véritable "matériau", son Cristal originel, reste à révéler puis à polir en conscience afin que le "spiritueux" puisse pleinement s'y épanouir.

---

1 Voir "L'Évangile selon St Luc", I, 11-20 et 26-38.

2 Voir "Le Livre secret de Jeshua", tome 1, chapitre IX, p. 126, du même auteur, aux Éditions Le Passe-Monde.

1) Entre le culte et le désintérêt...

Bien sûr, depuis la Grèce antique, nulle autre époque que la nôtre ne s'est autant attardée sur le corps et sa beauté à cultiver. On nous le rabâche tous les jours : Il faut coûte que coûte que sa peau soit "d'apparence saine", qu'on y traque la moindre ride et la plus petite présence d'on ne sait quoi d'indésirable...

Quant à sa musculature, on s'attache autant que possible à la sculpter, non seulement pour l'œil mais pour lui permettre d'accomplir des performances de toute nature puisqu'il est dit que la compétition et la course aux extrêmes sont les signes majeurs de l'accomplissement de l'individu, ceux que la société valorise dans sa fascination pour le paraître, le toujours plus loin et plus haut.

Tout ceci est sans doute respectable, je ne le nie pas. C'est même compréhensible puisque, dans son activité physique soutenue, notre cerveau secrète des endorphines, ces hormones naturelles propres à procurer des sensations de bien-être.

Cependant, je ne puis m'empêcher de constater que vient toujours un temps où, en dépit de tout, les sillons marquent un visage et où les muscles fondent. Oui... et, on a beau faire, au bout du compte, à force d'avoir astiqué la carrosserie d'un véhicule ou de s'être évertué à pousser son moteur à l'extrême, la plupart d'entre nous ont oublié *qui* pilotait réellement celui-ci et pourquoi le bijou de sa mécanique complexe leur avait été confié. À trop s'assimiler aux fonction de surface de la chair, des muscles et de leur couronnement par une sexualité basique, on en vient facilement à se réduire à elles, à ne pas soupçonner *Ce* qui se cache derrière leurs masques et qui tente en vain de crier : « Qui suis-je ? ».

Le résultat ? Un vide... Pas un sentiment de vacuité, non, un véritable vide difficile à combler. On arrive alors en quelque sorte à la "dernière station de métro" d'une existence et on se dit: «Oh... il n'y a rien.». En fait, ce n'est pas qu'il n'y ait rien, c'est plutôt qu'on ne *voit* pas parce qu'on a pris l'habitude de ne rien voir de ce qu'il y avait à capter, de n'avoir rien saisi d'essentiel ou si peu...

Notre véhicule a traversé des décors mais le conducteur qui en tenait les commandes n'a satisfait que les plus puériles expressions de son égo sans seulement savoir pourquoi il lui avait été donné de prendre la route. Peut-être pour oublier une frustration enfouie, peut-être pour canaliser une agressivité non avouée... On peut toujours se trouver une raison et y croire sincèrement.

Évidemment, tout un chacun ne se laisse pas contaminer par les excès de cette mode dont j'ai dressé ce qui est à peine une caricature. Cependant, l'attitude inverse est-elle plus constructive pour autant? Le mésintérêt pour l'entretien de tous les attributs du corps qui nous a été non pas donné mais prêté le temps d'une vie n'est certainement pas plus correct ni plus louable que sa survalorisation polarisée vers les excès.

Sous prétexte que le corps physique n'est que chair face à l'intellect, à la conscience ou à l'esprit, son laisser-aller n'a rien d'admirable dans la mesure où on y piétine tout ce qui fait cet équilibre subtil et infiniment précieux appelé Santé.

N'avez-vous pas remarqué qu'il nait d'ailleurs de cet équilibre une forme de beauté indépendante des canons classiques de l'esthétique? Se préoccuper d'avoir et d'entretenir un corps tout simplement sain est déjà une belle ambition - sinon parfois un défi - qui nous rapprochent du pourquoi de la quête qui s'inscrit au cœur de ces pages.

2) À la découverte d'une noblesse ignorée

C'est ainsi que je voudrais vous parler de la noblesse du corps humain, c'est-à-dire de son véritable potentiel et du rôle qu'il convient de lui restituer, bien en amont de ses appétits, de ses asservissements ou des rejets et des craintes qu'il a engendrés. J'aimerais donc vous en parler au-delà des phénomènes fluctuants et cycliques dont il a toujours fait l'objet, d'une culture à l'autre, et qui conduisent de nos jours, par exemple, à sa sexualisation outrancière et malsaine en Occident.

Ceci va tout naturellement m'amener à l'aborder dans sa verticalité et non pas - sans jeu de mot facile - à l'horizontale, c'est-à-dire à l'image de cette énergie rampante à laquelle on l'a toujours trop facilement assimilé en référence au "serpent" de la sexualité, maudit et incompris depuis le récit biaisé de la Genèse. Au passage, notons que, lui aussi, commence par un "s"... et pas seulement dans la langue française.

Car oui, n'en doutons pas, on peut fort bien considérer le corps humain à la verticale, je veux dire autrement qu'en se fixant sur ses fonctions animales orientées vers la satisfaction de ses appétits et de ses besoins, notamment ceux de la reproduction.

Il existe une image qui, à mes yeux, illustre assez bien ce qu'est - ou plutôt devrait être - le corps physique... C'est celle du tremplin. En effet, si celui-ci se présente à l'horizontale donc symboliquement en alignement avec la terre, il n'en est pas moins destiné à propulser à la verticale celui qui en connaît la vraie raison d'être. Cela signifie que quiconque apprend à s'en servir autrement que de façon classique en ne visant qu'un beau plongeon assujetti à la loi de la pesanteur, il y a "autre chose" à en espérer. Le corps et la force sexuelle par laquelle il naît invariablement à ce monde peuvent en effet être polarisés afin de sublimer les lois de l'attraction terrestre et devenir ainsi, une fois conjugués, un précieux outil "ascensionnel".

À tout bien considérer, ne serait-ce d'ailleurs pas ce qu'exprime par essence une croix? Faut-il préciser que je ne parle pas ici du crucifix, lequel suggère avant tout l'instrument d'un supplice, mais d'une croix toute simple et équilibrée dont le centre, autrement dit le cœur, illustre à la perfection la rencontre éminemment sacrée entre le tellurique et le cosmique.

À ce niveau de décodage de l'Archétype de la croix - celui du cœur - on discernera le Principe fondamental de l'Homme invitant chaque humain à se révéler à lui-même dans la maîtrise des apparents contraires[1]. Par l'expression "Principe fondamental de l'Homme", je veux dire ici le "Germe originel de l'Humain" ou encore la "Semence cristalline du Divin".

Quiconque comprend réellement ce que cela sous-entend peut alors décider d'entamer une énorme révolution intérieure en percevant le corps humain et son énergie sexuelle comme le point de rencontre possible entre le réceptacle matriciel représenté par la chair en tant que révélatrice et tremplin... et la Semence divine qui appelle à y être accueillie.

Mais revenons à cette notion de rencontre sacrée entre le tellurique et le cosmique que je nommais précédemment...

Pour qui s'est quelque peu intéressé à l'histoire comparée des grandes Traditions religieuses ou initiatiques de notre monde depuis des millénaires, une telle rencontre - qui aboutit en réalité à une fusion - évoque d'emblée *Quetzalcoatl*, l'une des divinités majeures des Toltèques et des Aztèques sur le continent sud-américain. *Quetzalcoatl* signifie en effet "serpent à plumes". On ne saurait être plus clair pour décrire

[1] Voir à ce propos "Les Apocalypses de Jean", chapitre XI, du même auteur aux Éd. Le Passe-Monde.

l'union du "rampant" et du "volatile"[1]… Une union d'autant plus pénétrante et transcendante que *Quetzalcoatl* est sensé être descendu jusqu'au plus profond de la Matière - aux Enfers - pour y amorcer le salut de l'humanité. L'analogie avec la Conscience du Christ libérée sur la Croix n'est-elle pas flagrante ?

Il y a bien sûr "serpent et serpent", tout comme il y a "chair et chair" selon qu'on les considère de manière profane ou sacrée. Tandis que la "chair du Christ" sous la forme du pain et du vin est réputée être salvatrice, de son côté, le "serpent" de l'énergie sexuelle perçu dans sa noblesse ne sera pas une simple vipère mais un cobra porteur d'initiation.

Que fait le cobra lorsqu'il est "sollicité" ? Il se redresse et aplatit son cou comme s'il déployait des sortes d'ailes au sommet de son corps. Nous verrons un peu plus loin ce que cela suggère… Mais auparavant il me faut souligner que le cobra est aussi appelé naja ou encore naga.

Ce nom est loin d'être anodin car, dans les plus anciens textes hindouistes, les *Nagas* sont des divinités associées à Vishnou et qui jouent traditionnellement le rôle de médiateurs entre les univers terrestre et céleste. En ce sens, le *Naga* majeur qui porte Vishnou sur la spirale de son corps ne serait-il pas une sorte de Mercure ou - si j'ose l'expression - de "colporteur" de l'Esprit Saint adoubant le Christ en tant qu'intermédiaire entre le "Père Céleste" et l'humanité ?

3) Le mystère de la Kundalini

À ce point-ci de notre démarche, il est maintenant indispensable d'orienter notre réflexion plus spécifiquement vers l'Énergie de Vie elle-même en nous attardant sur ce

---

[1] Pendant ce temps, de leur côté, dans leur quête de "l'or humain", celui de la Conscience, les Alchimistes ont toujours parlé du rendez-vous entre la Terre-Mère et le Messager céleste, le Vif-Argent, autrement dit Mercure dont les plus célèbres attributs sont le caducée et le coq… un autre "volatile".

que les Traditions appellent la *Kundalini*. Du mystère de la *Kundalini*, je n'aborderai toutefois ici que ce qui pourra nous être utile, c'est-à-dire constructif, sans entrer dans la complexité de plusieurs Traditions orientales qui utilisent des registres lexicaux et des points d'observations différents.

Simplifions donc les choses en rappelant que la *Kundalini* est *la* Puissance colossale de nature lumineuse et serpentine qui habite la base de tout corps humain en y étant lovée au niveau de son sacrum. Précisons encore que les plus anciens Textes la décrivent comme enroulée trois fois et demie sur elle-même dans une sorte de sommeil dont elle ne doit émerger que progressivement pour - un jour de grand Éveil - se dresser à la verticale le long de l'axe dorsal. Ce faisant, son Feu est destiné à irriguer, à stimuler puis à déployer les uns après les autres les sept chakras qui s'y succèdent et qui deviendront dès lors des portes d'accès à de multiples niveaux de conscience.

Que nous laissions dormir cette Puissance serpentine à la manière d'une simple force rampante n'agissant que sur les gonades ou que nous y reconnaissions le Cobra divin dépend bien sûr entièrement de nous ou plus exactement de la volonté et des efforts que nous allons déployer pour parvenir à une toujours plus grande maturité d'âme.

À mon sens, ces efforts et cette orientation ferme de l'esprit se résument à un seul mot : l'Amour. Mais l'Amour, qu'on l'écrive avec ou sans majuscule, c'est vaste, j'en conviens... Son concept est quelque peu "fourre-tout"...

"Faire l'amour" peut, pour certains, ne désigner que l'acte de copulation, la satisfaction d'une pulsion, d'une émotion sans lendemain ou alors, plus respectablement, l'expression sincère et profonde de sentiments nobles mais néanmoins sujets à maintes fluctuations.

Cependant... avant que de s'élancer vers les hauteurs spirituelles et cosmiques de l'Amour avec un grand A ne convient-il pas de rendre justice à sa forme et à son langage sexués en y reconnaissant un véritable outil conçu par le Divin ?

Je l'ai mentionné précédemment : Si la *Kundalini* doit absolument dérouler sa spirale *progressivement,* cela ne saurait s'accomplir que sur les bases solides du corps physique pleinement assumé et respecté.

En empruntant l'allégorie de l'Arbre dont le tronc serait l'axe utilisé par le serpent de la Connaissance, il est aisé d'admettre que les racines de Celui-ci, d'abord horizontales puis pénétrant la terre, lui sont indispensables. De fait, ce sont elles qu'il nous faut donc apprendre à honorer car c'est sur leur nature sexuée acceptée puis équilibrée que va s'appuyer l'Énergie *androgyne* de la *Kundalini*[1].

Résumons maintenant les "choses" en empruntant un langage accessible à tous - ou presque - car je n'ai pas été sans remarquer qu'un flou important enveloppait ce domaine, même parmi celles et ceux qui affirmaient de bonne foi "bien comprendre"...

Je dirai tout d'abord que l'on peut comparer la *Kundalini* à un ressort spiralé tel qu'utilisé en horlogerie pour actionner le mouvement de va et vient d'un balancier. Évidemment, transposé aux humains que nous sommes, la question se pose : Qui remonte un tel ressort ? Dieu ? Mais *Qui* est Dieu ? Sans chercher à approcher d'emblée son Mystère, regardons d'abord en direction de notre propre conscience, sinon de notre supraconscience, dépendamment de notre niveau de sommeil, de léthargie ou d'Éveil.

Dans sa phase actuelle de développement, il me paraît clair que l'immense majorité d'entre nous ne parvient à remonter

---

[1] Il est intéressant de noter que dans la Tradition de la Grèce antique, Mercure, en tant que divinité, était considéré comme androgyne. Par ailleurs, sous la forme d'une matière mi-liquide mi-solide, le mercure est apparenté au cinabre, un minerai de couleur rouge. N'est-ce pas questionnant quand on sait que le chakra de base de la colonne vertébrale, *muladhara* est classiquement assorti de la couleur rouge ?

la spirale de son ressort énergétique que très partiellement, juste assez pour, le temps d'une existence, actionner son balancier personnel de sa position droite à sa position gauche - et inversement - afin d'ancrer ainsi l'horloge de son corps dans la temporalité indiquée par ses aiguilles.

Au niveau de l'anatomie subtile de l'organisme humain la position droite - masculine - d'un tel balancier correspond au canal énergétique traditionnellement appelé *Pingala* cependant que la gauche - féminine - est désignée par le nom *Ida.*

Comprenons maintenant ceci: Sous l'action, même faible ou modérée, de son ressort à peine remonté ou bridé pour toutes sortes de raisons, l'Énergie de Vie a besoin de circuler pour Être et ne pas imploser. C'est ce pourquoi elle va naturellement faire "ondoyer" *Ida* et *Pingala.* Ces deux courants de force vont dès lors s'entrecroiser au niveau des chakras de l'axe dorsal et nourrir ceux-ci de façon modérée...

C'est cette forme d'équilibre relatif, cet état-là, qui perdure chez la plupart d'entre nous et s'étire sur des périodes extrêmement longues durant une multitude de vies... tant que la conscience, puis peu à peu la supraconscience, n'auront pas trouvé la volonté et la force de réellement dynamiser le ressort spiralé de la *Kundalini.* C'est en effet à ce stade que tout change...

4) Le mécanisme de l'Éveil...

Lorsque cette phase est atteinte harmonieusement, les oscillations d'*Ida* et *Pingala* deviennent si rapides et si puissantes qu'elles fusionnent et envoient un intense signal lumineux au sommet de l'être, lequel, en réponse, frappera aussitôt son sacrum au moyen d'un véritable éclair. C'est ainsi que la *Kundalini* sera débridée, libérée.

Que se passera-t-il alors ? La puissance lovée de son Cobra initiateur se déploiera en dilatant le canal central de l'axe dorsal, celui de la *Sushumna*, celui de l'accès à l'Absolu. Androgyne par essence, ce canal est, rappelons-le, celui du Mercure, directement relié au Divin…

Explose alors l'Instant de l'Éveil dans la pleine acception du terme. C'est celui, intemporel, où peut en vérité se déployer le septième chakra, révélant ainsi la "Couronne" de l'humain incarné. Au-delà du symbolisme de cette couronne vient s'imposer aussi l'image d'une fontaine de Lumière dans son jaillissement au sommet du crâne, telle qu'illustrée par l'iconographie classique.

Ne soyons dès lors pas surpris si cette zone du corps humain, la dernière "solide" à se refermer après la naissance, est nommée "fontanelle"[1].

Étymologiquement, ce terme signifie "petite fontaine", ce qui est un peu contradictoire avec son éclat lorsque sa Lumière est véritablement déployée. Personnellement, je lui préfère la lecture qu'en font certains alchimistes en y voyant une "nouvelle fontaine", celle de la re-naissance de l'être et de sa matérialité reconnue comme un tremplin noble destiné à la transcendance.

En réalité, le jaillissement lumineux du septième chakra en pleine action correspond à une "éjaculation de la Conscience" dans sa mission d'ensemencement de notre monde. Elle est la marque de ceux que l'on qualifie d'Initiés et, bien sûr, des

---

[1] Anatomiquement parlant, il existe essentiellement deux fontanelles, une petite, vers la partie supérieure arrière du crâne, et une "majeure", située davantage vers l'avant de la boîte crânienne. C'est de celle-ci que s'échappera le jaillissement suprêmement lumineux de *Sahasrara*, le 7ième chakra. Cette zone est celle du Bindu causal et créateur mentionné par l'Hindouisme. Il me faut également signaler l'existence d'un Bindu "secondaire", qui correspond quant à lui à la petite fontanelle. Il s'agit là du centre subtil éventuellement stimulé par l'activité d'*Ida* et *Pingala* lors d'un rapport sexuel classique, "énergétiquement horizontal". C'est lui qui est à l'origine première du sperme et des divers fluides nécessaires à la reproduction.

Éveillés ou en passe de l'être. Cette "éjaculation par le Haut" est ainsi la réponse à une "mise à feu de l'être par le Bas". Encore une fois, la fameuse parole d'Hermès Trismégiste - "Mercure trois fois plus grand" - qui affirme dans sa Table d'Émeraude que *Ce qui est en Haut est comme ce qui est Bas* et que *Ce qui est en Bas est comme ce qui est en Haut* se vérifie.

Quant au terme d'Initiation, j'aurais tendance à y voir une *Igni-tiation...* donc bel et bien une mise à feu du "moteur" de celui qui s'est mis en marche au-dedans de lui-même et qui reconnaît tous les aspects de la Matière dans leur sacralité.

Cette réflexion me pousse à évoquer ici un très vieux rite védique qui consistait à faire s'entrecroiser de façon équilibrée deux morceaux de bois puis, par des pratiques visant à "convoquer" un éclair, à faire jaillir un Feu à leur point de rencontre, c'est-à-dire leur Cœur.

Oui, toujours le Cœur... autrement dit l'Amour, dans l'universalité de toutes ses expressions et dimensions.

Et puisque nous en sommes à parler de l'Élément igné, il me semble utile de rappeler que celui-ci se présente sous trois formes différentes : le feu, la foudre et le soleil, analogiquement le Corps en tant que creuset, l'Âme en tant que déclencheur et l'Esprit pour attiser le tout et en libérer une sorte de Vapeur... La Quintessence du Cœur Christique, cet Amour qui embrase et illumine tout par sa Présence, faisant ainsi communier le Haut et le Bas, la Couronne et le Royaume, le Souffle cosmique et le prolongement possible de Celui-ci à travers les fluides sexuels.[1]

---

[1] Dans les Védas, Agni, la divinité solaire jouant le rôle de messagère entre l'humain et le Divin est réputée produire un sperme qui, transposé au règne minéral, n'est autre que l'or. Tout communique et nous renvoie à la même "mécanique" céleste, quelle que soit la culture vers laquelle on se tourne.

Rassurez-vous, mon intention n'est pas de vous noyer dans les termes et les comparaisons issus de multiples cultures mais de suggérer l'existence d'un champ d'investigation considérable susceptible de nourrir l'être qui sait s'y plonger autrement qu'avec l'intellect. Dans la démarche qui caractérise ces pages, je le rappelle, le but recherché n'est pas d'accumuler des informations pour elles-mêmes mais d'en capter l'essence, l'intention profonde, la sève.

Je conclurai donc simplement ici en citant un mot hébreu qui suggère la Présence du Divin en ce monde. Il s'agit de *Shekhina.* C'est un terme féminin qui était notamment utilisé, par exemple, dans le cadre du Temple de Salomon, à Jérusalem.

Ceci dit… fort de tout ce qui vient d'être évoqué et en élargissant notre point de vue, ne peut-on pas affirmer que le corps humain enraciné sur le roc de la Terre est incontestablement, lui aussi, un Grand Temple ?

Je vous propose d'entretenir celui-ci…

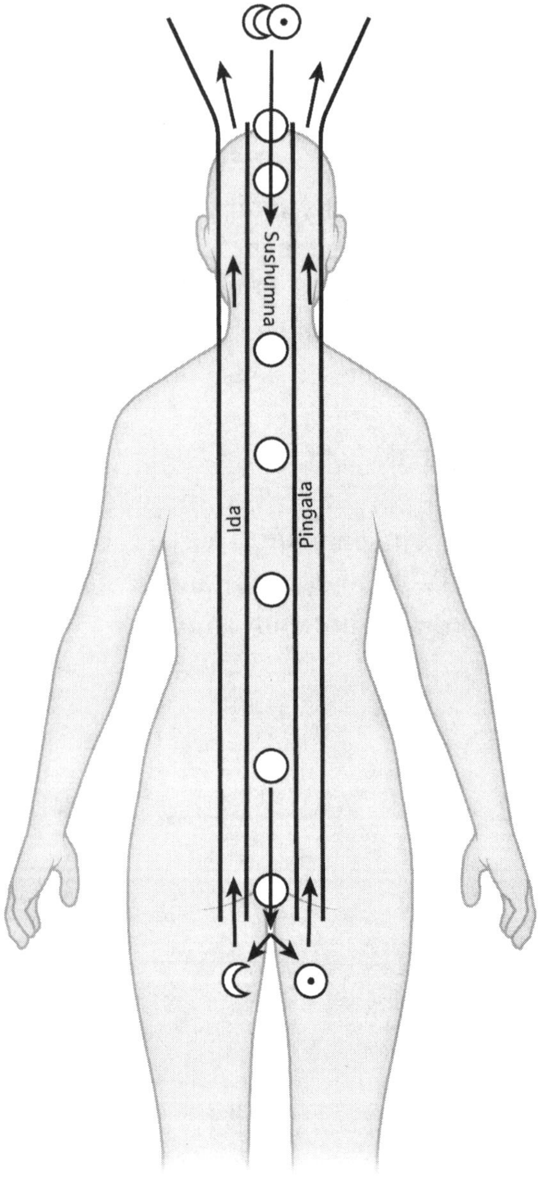
Sushumna
Ida
Pingala

Chapitre II

L'entretien du Temple

Nous avons commencé à le voir, le temple que constitue le corps humain est sous-tendu par une architecture invisible qui, même si on accepte d'en reconnaître l'existence, est rarement prise en compte dans nos attitudes quotidiennes. Qui dira le contraire ? Lorsqu'on affirme l'admettre ou le savoir, on n'en applique que très rarement les principes à un comportement qui pourrait nous extraire des ornières où nous ne cessons de faire du sur-place.

Ainsi, en s'appuyant éventuellement sur l'exemple de l'acupuncture, on veut bien accepter l'idée que notre organisme soit parcouru par un réseau d'énergie impalpable mais on ne réalise généralement pas que la question est abordée de façon erronée et n'aboutit donc à rien.

Ce ne sont pas notre squelette, nos organes ni globalement notre dimension charnelle qui engendrent ces canaux subtils. C'est l'inverse ! Autrement dit, c'est notre réalité invisible qui trace le plan puis suscite, par densification, notre manifestation physique.

Je puis vous dire que lorsqu'on a intégré cette vérité fondamentale, cela change tout ! Tout acquiert une couleur et un parfum différents… On commence en effet à abandonner le monde des phénomènes pour découvrir celui des causes. En d'autres termes, on apprend progressivement et humblement à devenir son propre thérapeute, celui qui a pour vocation de "prendre soin de...".

Ainsi que je l'ai écrit à plusieurs reprises, les thérapeutes de la Grèce antique se disaient "tisserands" en ce sens qu'ils "travaillaient la matière humaine" à partir de fils horizontaux se mariant à des fils verticaux. Nous sommes là au cœur de notre sujet et cela me vaut d'utiliser pour la première fois un terme sujet à une multitude de mauvaises interprétations, voire à un certain nombre de délires... Il s'agit du mot *Tantra* qui suggère globalement l'idée d'un "tissage".

1) Le Tantra

Mais qu'est-ce au juste que le *Tantra*? C'est un ensemble très structuré de pratiques à base méditative destinées à panser, à cicatriser puis à guérir les blessures faites au corps et au sexe au fil des Temps et des cultures. L'intention est capitale car ce sont ces blessures qui empêchent l'Esprit et la Conscience supérieure d'investir l'être tout entier puis de le pacifier, transcendant ainsi toute espèce de dualité et de combat intérieur.

Quelle est l'origine de telles meurtrissures? En fait elle est triple, chacune d'entre elles étant liée à la sexualité : la répression de celle-ci, sa libération débridée et enfin la négation de son importance d'où la décision de l'ignorer. En proposant d'en "prendre soin" et de les traiter, la véritable discipline du Tantra se présente donc comme une Médecine qui vise à la "guérison de l'Attitude".

Cet ouvrage n'a cependant pas l'ambition d'être un "Traité de Tantra". Il en deviendrait extrêmement complexe sans compter le fait que certaines notions ne peuvent être communiquées directement que de bouche à oreilles. À compter des pages à venir, je vous proposerai simplement un certain nombre de pratiques de base en phase avec une orientation de la Conscience favorisant ce qu'on pourrait appeler une "Posture noble de l'humain". Il y sera question de l'ouverture à un enseignement basé sur deux Principes :

- Tout d'abord celui de la Présence immanente et omnisciente de l'aspect masculin du Divin assimilable à *Shiva* ou à l'*Esprit Saint* dans leur expression "secouante" ou foudroyante.

- Ensuite celui, féminin, de la *Shakti*[1] - ou encore du sanctuaire de la *Shekhina* en attente de son Réveil sous l'apparence symbolique du serpent de la *Kundalini*.

À ce propos, n'est-il pas étonnant et questionnant de retrouver ici l'association archétypale de Ève, la "Femme première" de l'Ancien Testament et du Serpent de l'Arbre de la Connaissance ?

La compréhension qu'on nous en a donnée en Occident apparaît dès lors comme totalement erronée. Le véritable Serpent biblique n'est en aucun cas celui du Mal mais au contraire celui du Sanctuaire féminin en attente de jouer son rôle propulseur, initiatique et libérateur au sein de tout corps humain.

Lorsqu'on réalise la portée de ce terrible contresens, ne soyons pas surpris si, sous la poussée insidieuse de certains courants religieux, la femme a été *régulièrement* diabolisée ou rabaissée dans l'inconscient collectif, faisant ainsi figure de tentatrice. Une "histoire" à revoir intégralement !

Toujours est-il que, dans notre démarche, l'équilibrage du Féminin et du Masculin en chacun de nous nécessite le

---

[1] Shakti symbolise dans l'Hindouisme la contrepartie féminine de Shiva, troisième Puissance de la Trimurti (Brahma, Vishnou et Shiva).

récurage puis la purification des canaux fondamentaux que sont *Ida* et *Pingala*.

Voici donc, dans un premier temps, quelques pratiques basiques permettant d'amorcer un tel travail, à commencer par la description des postures corporelles qui leur seront adéquates... Bien que celles-ci soient élémentaires, j'ai malgré tout tenu à les rappeler par souci de pédagogie.

2) Des postures simples mais fondamentales

a) La position classique du lotus, celle du demi-lotus ou encore du disciple, plus connue sous le nom du "tailleur". Il incombera à chacun de choisir celle qui lui procurera le plus de confort en fonction de sa souplesse musculaire ou de ses prédispositions naturelles.

La posture du demi-lotus

La posture du disciple

b) La position du crapaud, parfois appelée "grenouille". Celle-ci consiste à d'abord à s'agenouiller, le dos bien droit, à écarter fortement les genoux puis les talons afin de s'asseoir ensuite sur ceux-ci. Quant aux mains, elles seront posées sur les genoux, paumes vers le bas.

La posture du crapaud vue de dos

c) La position de la dépouille ou de l'Abandon. Elle est a priori tellement anodine qu'on hésiterait presque à la qualifier de "position". Elle consiste à s'allonger sur un sol confortable en écartant légèrement les bras et les jambes. Les pieds sont dirigés vers l'extérieur du corps et les mains paumes vers le haut. Tout naturellement, elle appelle à une relaxation profonde… ce qui n'est pas si aisé à obtenir puisque cela requiert une détente de chaque muscle du corps et une décrispation du mental qui accepte de ne plus se fixer sur la moindre pensée pouvant le traverser.

Pour ce faire, une fois que la position allongée sera adoptée, on passera tranquillement en revue toutes les parties de notre corps en commençant par les pieds, les jambes, le bassin et ainsi de suite jusqu'au visage et à ses nombreux muscles souvent tendus à notre insu. Viendra seulement ensuite l'appel à un état d'abandon psychique le plus complet possible…

3) La pratique respiratoire des quatre phases

Celle-ci est destinée à dilater simultanément les "gaines" ou enveloppes subtiles d'*Ida* et *Pingala* et à favoriser ainsi l'élimination des scories énergétiques qui se sont accumulées sur leur parcours dans la contrepartie *éthérique* du corps physique.

Techniquement, elle est également fort simple. Elle constitue cependant un socle dont on ne saurait se passer même si sa simplicité peut donner l'impression de ne conduire qu'à une banale relaxation.

a) En position du lotus, du demi-lotus ou du disciple, commencez par inspirer très doucement et très longuement aussi profondément que vous le pouvez, *au moyen de trois ou quatre saccades successives,* jusqu'à emplir totalement vos poumons sans les forcer.

b) Restez en apnée les poumons pleins aussi longtemps que vous le pouvez sans rencontrer d'inconfort.

c) Expirez l'air avec beaucoup de douceur et très lentement également par petites saccades.

d) Demeurez avec les poumons vides aussi longtemps que possible, tant que c'est confortable.

Une fois que ces quatre phases respiratoires ont été réalisées, vous en reprendrez paisiblement le déroulé de façon identique. Vous pourrez répéter ce cycle trois, six ou neuf fois de suite selon votre potentiel respiratoire. Il est bien sûr conseillé de ne mener à bien cet enchaînement que très progressivement et en dehors de la moindre notion de défi personnel.

Puisqu'il ne s'agit pas froidement d'un "exercice" et donc d'une sorte de gymnastique de la cage thoracique mais d'une pratique spirituelle, votre état de conscience devra être constamment orienté vers une invitation de la Présence divine dans le Calice qu'est réellement votre corps.

e) Pour conclure ce cycle, vous adopterez la position de la dépouille aussi longtemps que vous y éprouverez un bienfait... et si possible sans tomber dans le sommeil de manière à ce que votre conscience en état de veille et imprégnée de Sacré puisse agir comme une imprimante sur vos principaux nadis.

4) La pratique des triangles

Il s'agit d'un ensemble de postures particulièrement efficaces destinées à stimuler la zone précise du sacrum où *Ida* et *Pingala* se trouvent connectés à la puissance lovée de la *Kundalini*. On parle évidemment d'une stimulation mesurée qui, à l'instar de toutes les pratiques proposées ici, pourra être entreprise par tout un chacun.

Idéalement, elle devra être mise en œuvre dans la position du lotus, du demi-lotus, voire plus simplement du disciple.

a) Assis le dos aussi droit que possible, prenez d'abord un temps pour bien vous centrer. Cela fait, vous allez former un triangle *pointe vers le haut* à l'aide de vos deux mains réunies placées au niveau de votre visage. Vos deux index se rejoignent donc à leur extrémité, ainsi que vos deux pouces. C'est le côté externe de vos mains qui vous fera face.

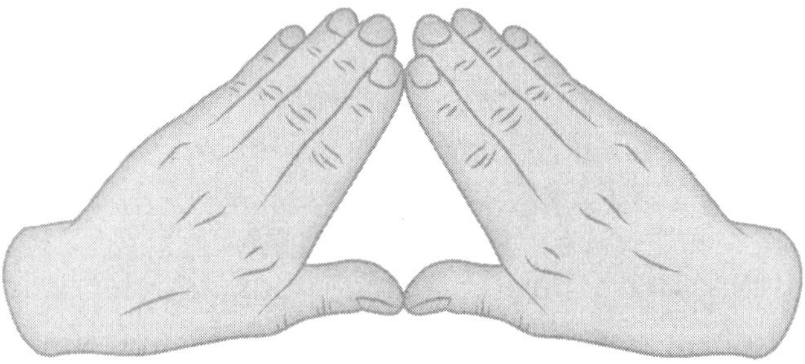

b) Laissez un instant votre regard se perdre dans l'espace vide créé au centre de ce triangle, fermez ensuite les yeux puis rapprochez le triangle dessiné par vos mains jusqu'à poser celui-ci sur votre front. Chacun de vos pouces sera alors en contact horizontal avec vos sourcils.

c) Invitez vos yeux à loucher à l'arrière de vos paupières fermées, sans jamais forcer mais au contraire avec tendresse.

Assez aisément - ou pour certains avec un peu de pratique - vous allez alors percevoir entre vos deux yeux un point lumineux d'une couleur bleu indigo. Il s'agit du reflet de votre chakra frontal, *ajna*, le fameux "troisième œil" ou œil d'*Horus*. Encore une fois, ne forcez rien, ne faites que vous abandonner à sa perception tout en remerciant le Divin en vous pour cet instant de grâce.

d) Prenez une grande inspiration tandis que vous ouvrez lentement les yeux puis, tout en expirant paisiblement, vous allez laisser descendre souplement le triangle formé par vos mains jusqu'au niveau de votre pubis. Tout naturellement, ce triangle s'orientera *pointe vers le bas* ; il s'inversera donc, paumes dirigées vers vous et en contact avec cette zone de votre corps.

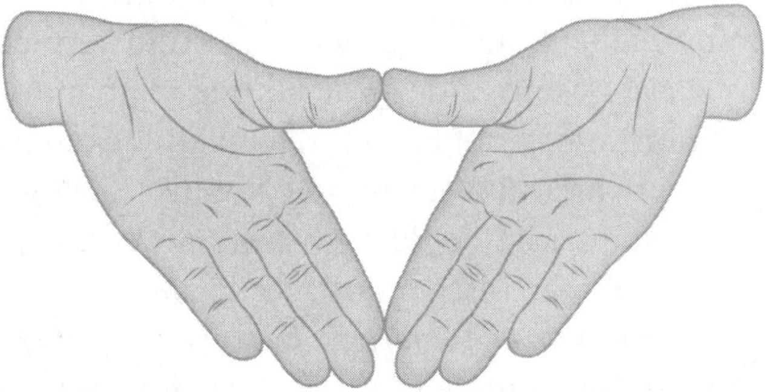

e) Sans chercher à visualiser quoi que ce soit, abandonnez-vous maintenant à la perception intuitive d'une spirale de lumière tournant sur elle-même au centre de votre triangle en y prenant toute la place.

L'idéal est que cette spirale tourne dans le sens horaire, d'abord "à plat" puis "à champ". Toutefois, si la perception de ce sens vous pose problème, n'en tenez pas compte car une telle préoccupation ne doit pas retenir l'attention de votre mental.

Demeurez dans cette position autant de temps que vous le souhaitez, dans la détente et l'esprit le plus vide possible sans vous attarder sur ce qui le traverse éventuellement. Durant tout ce temps, laissez votre respiration libre.

f) Nous arrivons maintenant au "tournant" de cette pratique… Commencez par abandonner tranquillement le triangle qui superpose votre pubis, laissez pendre vos bras vers le sol puis, très, très lentement et harmonieusement, en dépliant les jambes, allongez-vous pour adopter la posture de la "dépouille".

g) Après une petite pause, vous plierez alors l'une de vos deux jambes - celle qui s'y prêtera le plus spontanément - et vous ferez en sorte que son talon vienne se placer contre l'autre jambe, à peu près à mi-hauteur entre son genou et votre périnée.

Au besoin, aidez-vous d'une main afin que votre talon se positionne correctement et exerce ainsi une légère pression sur la zone voulue. Sans forcer, sans provoquer de douleur, essayez de faire en sorte que votre jambe pliée repose sur le sol.

Sans vous en apercevoir, vous venez de créer ainsi un autre triangle et de susciter automatiquement un nouveau circuit énergétique. Celui-ci part de votre périnée, se prolonge jusqu'au point de pression généré par votre talon puis, de ce point, il court vers le genou de votre jambe repliée... pour finalement remonter le long de votre fémur et rejoindre son point de départ, votre périnée.

h) Les yeux clos, vous allez tenter de faire circuler un courant lumineux le long de ce circuit. Très lentement tout d'abord puis, avec l'habitude, de plus en plus rapidement. L'essentiel est que ce courant soit fluide en vous. Pour cela, durant la pratique, la sensation du triangle laissera tout naturellement place à la perception d'un mouvement circulaire. Ne cherchez pas à corriger cela mais vivez au contraire cette "ronde énergétique" le plus harmonieusement possible et en conscience.

Vous remarquerez que si vous avez plié votre jambe droite, le sens de rotation du courant lumineux sera horaire.

Inversement lorsque votre jambe gauche sera repliée, le courant en question sera anti-horaire. Il y a une logique à cela puisque le côté droit du corps, celui qui est régi par *Pingala* est de nature solaire alors que le gauche, essentiellement régulé par *Ida* est lunaire.

Lors d'une même séance de pratique, il est bien sûr souhaitable d'alterner les deux mises en œuvre de cette posture. Il se peut cependant qu'il y ait des jours ou des périodes où vous ressentiez spontanément qu'il vous faut privilégier un côté plutôt que l'autre. Écoutez toujours votre corps…

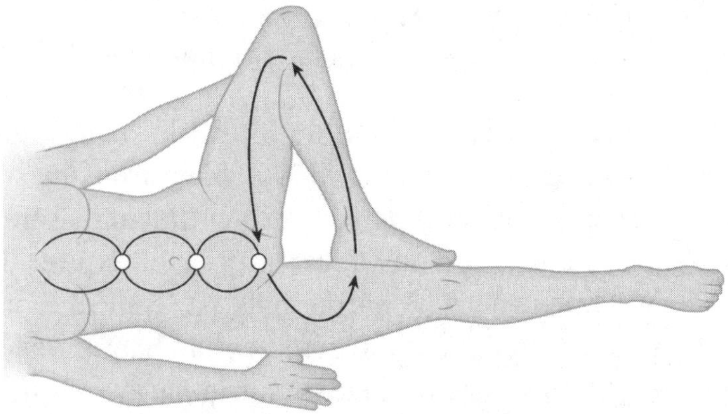

Nota : Si vous pratiquez toujours à la même heure ou presque, vous remarquerez peut-être que c'est la plupart du temps le même côté qui a tendance à demander le plus d'attention. La raison tient au fonctionnement extrêmement précis de l'organisme subtil humain. En effet, il est intéressant de savoir qu'environ toutes les deux heures c'est soit l'activité d'Ida qui domine le long de l'axe dorsal, soit celle de Pingala… Histoire de nous rappeler l'image du balancier de l'horloge évoquée dans le chapitre précédent.

5) La pratique des trois bandhas

Il existe dans le corps humain trois zones de contraction majeures qui peuvent agir de manière non négligeable dans la purification dont ont régulièrement besoin *Ida* et *Pingala* ainsi que l'ensemble des nadis.

Ces trois points de contraction sont la zone anale, la région stomacale et celle de la gorge. La Tradition hindouiste les appelle *bandhas*. Il s'agit d'un terme qui définit un point de ligature, de verrouillage ou de rétention et qui sous-entend de ce fait une intervention volontaire sur un ensemble de muscles jouant le rôle de sphincters.

Voici de quelle façon il vous faudra pratiquer :

a) Placez-vous en position du lotus, du demi-lotus ou encore en tailleur. Puis, le dos bien droit mais sans crispation, appelez en vous un sentiment de sérénité. C'est alors que vous allez inspirer et expirer alternativement par une narine puis par l'autre. Pour ce faire, vous appuierez légèrement à chaque fois avec un doigt - pouce ou index - sur la narine qui ne doit pas être active.

   Pratiquez cela lentement et en toute conscience six ou huit fois d'affilée.

b) Après une courte pause, emplissez vos poumons et contractez simultanément les trois *bandhas* cités plus haut, sans forcer, aussi longtemps qu'il n'y aura pas d'inconfort.

   Relâchez vos contractions, expirez lentement, observez une nouvelle pause, inspirez à nouveau profondément puis recommencez à contracter vos trois *bandhas*…

Vous répéterez cela quatre, six ou huit fois, sans plus, en vous focalisant sur la nature, c'est-à-dire l'essence, de votre souffle que celui-ci soit inspiré ou expiré. J'insiste sur cette orientation de l'esprit. Elle est capitale car c'est d'elle dont dépend pour une bonne part la portée de cette pratique.

En réalité - et comme pour toutes les pratiques respiratoires visant à l'illumination progressive de votre réalité corporelle par le tremplin que peut constituer sa fonction sexuelle - vous aurez bien conscience que ce n'est pas essentiellement de l'air qui pénétrera dans vos poumons.

Vous vous appliquerez à "vivre le fait" qu'il s'agit plutôt d'une lumière extraordinairement porteuse de Vie.

Ainsi, plus votre conscience s'orientera spontanément vers cette compréhension jusqu'à ce qu'elle devienne une Connaissance intime, plus le courant lumineux qui sous-tend l'air dilatera *Ida* et *Pin-gala*… Une telle dilatation entraînera peu à peu une calcination toujours plus totale des déchets énergé-tiques stagnant dans votre organisme subtil, notam-ment éthérique.

Ainsi donc, avec un peu d'habitude, vous pourrez parvenir à une intégration et une régulation sans cesse plus fluide du Courant Divin dans votre "architecture" profonde.

6) La nature profonde du Courant Divin

Lorsqu'on aborde un tel sujet, le premier mot qui vient à l'esprit en guise de réponse est celui de *prâna*, d'origine sanscrite. Ce n'est pas faux… toutefois cette réponse me paraît un peu trop schématique parce qu'elle mérite d'être affinée tant le propos est important. En effet, je suis convaincu que mieux on comprend l'alchimie de ce qui se passe en nous, plus on acquiert la capacité de croître en pleine conscience afin de favoriser le mariage du subtil et du dense.

Mes propres recherches et expérimentations me poussent à affirmer que ce fameux Courant ou Souffle Divin que je ne cesse d'évoquer - notamment à travers les pratiques décrites précédemment - est en fait d'une nature triple, tout comme l'Arbre de la Connaissance.

Je le perçois composé d'*Éther*, de *Prâna* et enfin d'*Akasha*, par ordre d'affinement et donc de puissance unificatrice. Analogiquement, en se basant sur l'idée d'une fleur, on pourrait parler de l'odeur de celle-ci, de son parfum - ou fragrance - puis de son Essence.

Tout cela peut sembler n'être qu'un assemblage de mots ou de concepts se prêtant à des réflexions d'ordre strictement philosophique. Il n'en est pourtant rien... C'est en invitant quotidiennement le Sacré à investir notre réalité charnelle que l'on se hisse de la simple odeur engendrée par Son incarnation jusqu'à l'Essence qui aspire à en être extraite.

Ainsi, je le répète, quelles que soient les postures pratiquées et la perfection technique qui les accompagnera, nul ne dépassera de beaucoup le stade de "l'exercice" tant que le Cœur - donc l'Amour - n'en sera pas le chef d'orchestre.

Il y a évidemment des degrés dans les expressions de l'Amour... tout comme il y a des couches ou des strates circulaires qui se révèlent au sein du tronc d'un arbre coupé. Ainsi, faire le voyage de l'intimité de notre chair à celle de notre Esprit, c'est aller de notre écorce à notre sève en considérant notre être arborescent dans sa totalité. Privez un arbre de son écorce et il meurt... Salissez ou rejetez la chair et sa réalité sexuelle et le Sacré voit se rétrécir le chemin pour s'y faufiler.

Certains me rétorqueront qu'il existe la voie de la prière associée à celle de la dévotion. C'est exact... Cependant, je serais fort surpris qu'il existe quelque part un être réalisé qui ait passé des vies et des vies à rejeter systématiquement l'expression noble de son propre corps. La "résurrection de la chair" annoncée par le Christianisme n'évoquerait-elle pas en fait la sublimation de celle-ci ? Autrement dit le projet qu'elle soit destinée à se gorger de Lumière plutôt qu'à faire figure de résidu.

Voilà pourquoi cette discipline exigeante qu'on appelle le *Tantra* est avant tout une attitude de l'Esprit incarné qui s'est donné pour mission la fusion de toutes les dimensions de l'être, sans exception.

a) L'Éther

Il serait inutile d'entrer ici dans la complexité de sa constitution[1]. Je soulignerai plutôt le fait que la matérialité relative de ce "fluide" le rend perceptible et surtout assimilable par tout un chacun en tant qu'instrument d'un récurage de base dès lors qu'on réalise l'évidence de sa présence permanente en soi. C'est une présence qui ne fait pas de bruit mais qui acquiert du "goût" pour la fraîcheur qu'elle distille chez celui qui s'applique à percevoir la Source divine à chaque bouffée d'air qu'il inspire et dont il essaie de suivre le voyage intérieur.

On parle donc encore ici clairement d'une orientation déterminante de la conscience. Cependant soyons vigilent car il ne s'agit pas d'aboutir à la mise en œuvre d'une sorte de "gymnastique" obligatoire qui tournerait à l'idée fixe. L'idéal est de consacrer simplement à cette orientation quelques instants à plusieurs reprises chaque jour,

[1] Voir à ce propos "Le Nouveau Grand Livre des Thérapies esséniennes et égyptiennes" de Marie Johanne Croteau et Daniel Meurois aux Éd. Le Passe-Monde.

indépendamment de toute posture corporelle. Si on en comprend le sens, un automatisme se met petit à petit souplement en place, à l'insu même de la volonté et du mental analytique. Faites-en l'expérience et de cette expérience une habitude…

Vous entrerez alors doucement dans la dynamique d'une invitation constante et stable à la pénétration de votre être par le Divin. C'est là que votre "Coupe" commencera à se polir.

b) Le Prâna

… Et le polissage de cette Coupe mettra si bien en évidence son cristal natif que les bulles pétillantes du *prâna* lui révéleront plus pleinement que jamais toute sa valeur. Ce n'est pas seulement le Corps du Divin qui visitera alors votre chair, c'est son Âme qui s'y installera aussi en y revendiquant amoureusement une place grandissante.

En d'autres mots, plus votre conscience sera présente dans vos pratiques et dans la lucidité avec laquelle vous accomplirez vos petits gestes quotidiens, plus la proportion de *prâna* qui se mêlera à l'*éther* de votre organisme pour l'irriguer sera élevée.

À votre propre insu, votre aura - qui est à la fois un bouclier et un champ émetteur - s'en trouvera dynamisée, vous amenant à "contaminer en beauté" tout ce que vous approcherez.

Que dire de plus sinon que les mouvements ondulatoires d'*Ida* et *Pingala* le long de votre axe dorsal s'accéléreront et accroîtront en conséquence votre niveau vibratoire. Cela ne signifie pas que votre vie en sera simplifiée puisqu'il est bien connu que la Lumière attire et fascine l'Ombre mais cela ajoutera à l'étoffe, au sens et à la portée de votre présence en ce monde. Vous y deviendrez progressivement un réel pèlerin du Vivant, un être résolument en marche vers son Éveil, un Serviteur du Sacré.

c) L'Akasha

L'*Akasha* n'est pas simplement une lumière comparable à un "super prâna", mais *La* Lumière... En effet, Sa Splendeur, émise par l'Esprit du Divin, s'accompagne par surcroit d'un Son. Celui-ci n'est autre que le Son des origines, le Verbe.

De tout cela, il faut déduire qu'il est inconcevable qu'un humain incarné, aussi accompli soit-il, ne soit imprégné que d'*Akasha* car il ne serait ni visible ni palpable. Nous parlerons donc, ici également, d'une proportion de "fluide akashique" à accueillir en soi dans un mouvement allant *crescendo* dès lors que le Réveil a entamé résolument son œuvre.

Dans les faits, dès qu'un filet d'*Akasha* se met bel et bien à circuler de façon régulière le long d'*Ida* et *Pingala*, le canal de la *Sushumna* commence à se dilater jusqu'au moment où il va stimuler ce qu'on appelle "l'atome-germe" au sein-même du cœur et de son chakra, *Anahata*.

C'est alors le début d'une nouvelle phase de métamorphose qui pourra rendre peu à peu envisageable la libération du Serpent de la *Kundalini*... Ces moments sont toujours décisifs car ce sont ceux d'un test que la Conscience supérieure lance à l'âme dans sa personnalité incarnée[1]. Ce test est celui de la quête des pouvoirs, de *tous* les types de pouvoirs : Subjugation d'autrui sur le plan de l'autorité, des possessions, subjugation

---

[1] L'égo sous tous ses aspects.

sexuelle, bien sûr, ainsi que la possible utilisation mal à propos de certaines capacités d'intervention sur la structure de la matière.

Il est aisé de comprendre pourquoi ce stade de développement place l'humain à une croisée des chemins. C'est l'heure des tentations... Chacun sera-t-il amené à connaître cet état "un jour", au fil de ses milliers d'incarnations ? Oui et non...

En venir à se trouver face à soi-même est en vérité inévitable sur l'itinéraire de tout pèlerin en quête de la Source. Ce qui est évitable, par contre, c'est de se trouver face à un piège démesuré faisant ressurgir avec force quelques résidus pervers de l'égo.

La clef qui permet de ne pas se confectionner un tel piège et d'anticiper la nature du test est toujours la même car elle relève du seul langage universel : celui de la Puissance de l'Amour vrai, de l'Altitude et de la Clairvoyance que cette émanation du Divin procure. Autrement dit, il n'est question que de l'Essence christique et cosmique qu'un tel Amour développe patiemment au gré des Âges.

C'est le type d'Amour qui fait que même lorsque vous préparez, par exemple, un peu de nourriture destinée au corps, la Lumière et le Son qui ont investi votre être entraînent - de manière imagée - cette nourriture à chanter une mélodie digne d'une prière.

La *Kundalini* demande toujours à être doucement sollicitée par une telle posture aimante ; son "ressort spiralé" n'est donc pas destiné à se débrider d'un coup et avec violence puisque son déverrouillage doit impérativement s'opérer avec harmonie comme sous l'effet d'une "fonte des glaces" orchestrée par le Soleil.

Sur le plan intime, la mise en œuvre d'un semblable processus unissant les émanations du Corps, de l'Âme et de l'Esprit du Divin vous fera dès lors entrer dans une autre dimension de la sexualité et de l'approche de l'acte sexuel lui-même...

Ultimement, vous pourriez découvrir - comme autrefois le pharaon Akhenaton - qu'il n'existe guère de frontière entre ce qu'on qualifie d'amour humain et d'Amour Divin.

C'est une vérité que nous allons maintenant essayer d'approcher, de comprendre puis d'intégrer...

Chapitre III

Vers la Chambre Nuptiale

Puisque le motif principal de la "Médecine" abordée par ces pages est celui de l'Amour au sens le plus complet, noble et cosmique du terme et que nous sommes suffisamment avancés dans notre sujet, il me semble temps d'aborder la sexualité elle-même…

Quoi de plus logique et nécessaire puisqu'aucun d'entre nous, même parmi ceux dont on pressent qu'ils sont les plus "imbibés de spiritualité", ne peut nier être le fruit d'un acte sexuel ?[1] Je vous parlerai donc de l'acte de chair en tant que tel bien que d'une manière totalement différente de celle qui prévaut dans notre monde.

Reconnaissons-le, lorsque la majorité d'entre nous pense à "faire l'amour", elle nourrit d'abord l'idée d'un "plaisir à prendre", comme par réflexe animal. Bien sûr, ce plaisir fait l'objet naturel d'un partage sincère lorsque les corps ne sont pas seuls au rendez-vous. Cependant, beaucoup plus rarement,

---

[1] Je fais bien sûr ici abstraction de ces quelques êtres rarissimes que les antiques Traditions himalayennes appellent les *Mahavatars* – tel Babaji, par exemple – parce qu'ils ont la capacité de s'autogénérer, de se densifier, tant ils ne font qu'un avec l'Essence du Soleil. On pensera également à Mithra qui s'autogénère à partir d'une roche dont il fait aussitôt jaillir une source.

naîtra la douce intention d'offrir avant tout à l'autre "quelque chose d'extraordinairement plus subtil"... simplement parce qu'on n'imagine même pas que ce "quelque chose" puisse exister.

Il faut en convenir, la libération des mœurs de notre société ne fait que confirmer la suprématie d'un rapport égoïste au plaisir dans la mesure où il est devenu "normal" pour certains et certaines de "passer à l'acte" à l'issue d'une rencontre d'un soir...

Quant à mon propos, il est bien sûr orienté sans ambiguïté vers ce "quelque chose de subtil" que l'on cherchera à offrir au compagnon ou à la compagne, non pas par simple réciprocité mais par amour de l'Amour dans ce que je me plais à nommer les "Himalayas de la Conscience".

Laisser monter la Joie en soi en se souciant *avant tout* de faire éprouver à l'autre un sentiment d'exaltation dans lequel un indicible Subtil se mêle à la Chair afin de sublimer celle-ci, tel est le But...

Un défi à relever? Certainement pas. Une posture du Cœur à découvrir, à apprivoiser et qui s'avérera elle-même libératrice pour qui l'appellera en soi.

Vous remarquerez que j'ai employé les mots "compagnon et compagne" plutôt que celui - très à la mode - de "partenaire" car je décèle en ce dernier une sorte de froideur technique incompatible avec notre démarche.

Étymologiquement, le "compagnon" est celui avec lequel on partage son pain[1]. En l'occurrence ne serait-il pas question ici du pain de l'Esprit, celui de la Communion au Souffle de Vie? Bien que présenté sous un autre jour et avec d'autres images, c'est précisément le Principe du pain à pétrir, à porter au feu, puis à partager qui est au cœur du *Tantra*.

---

[1] Le mot "copain" en dérive. Il en est la forme moderne "dévitalisée", dont personne ne soupçonne ce à quoi il fait référence.

Je profite de cet instant pour attirer votre attention sur le fait que notre société confond systématiquement *Tantra* et *Tantrisme*. Le terme *Tantrisme* n'est en effet apparu qu'assez tardivement en Occident. On n'en fait mention qu'à partir du XIXième siècle. Personnellement je le considère comme une sorte de "dérivé" du mot *Tantra*; il a fini par en être le "sous-produit" avec l'apparition du courant Nouvel-Âge dans le dernier quart du siècle dernier... Un courant qui, pour novateur et important qu'il fût, s'est rapidement vu grignoté par toutes sortes de dérives, lesquelles n'ont rien à voir avec la quête d'une Libération de l'être conjointement à une sublimation de la Matière par la chair.

Historiquement et traditionnellement parlant, le *Tantra* est réputé avoir été offert par *Shiva* Lui-même à notre humanité dégénérescente depuis sa descente et son emprisonnement dans l'inévitable cycle involutif du *Kali Yuga*, l'Âge de Fer. Sa véritable discipline et la méthode qu'il propose reposent sur une dynamique fondamentale, celle du Désir.

1) De la nature du Désir

Voilà qui a de quoi surprendre nombre d'entre nous auxquels on a sans cesse répété qu'il ne fallait surtout pas - dans un cheminement spirituel - désirer quoi que ce soit mais plutôt demeurer dans le refus, voire le rejet de tout ce qui a trait au monde matériel, jusqu'à évidemment l'abstinence sexuelle.

Cependant... tout dépend de ce que l'on entend par Désir... Lorsqu'on parle de Désir dans le contexte qui est le nôtre, il n'est pas question de ce réflexe de la personnalité incarnée qui, régulièrement, a "envie" de ceci ou de cela pour se satisfaire momentanément. Il est encore moins question de convoitise ou de concupiscence!

Le Désir qui réside au sein du *Tantra* parle d'une Aimantation sacrée et d'une quête de la Complétude dans une dynamique, un élan de pur Amour. Il témoigne de l'action du Grand Moteur cosmique qui invite tout ce qui est désassemblé à se ré-assembler puis à se réunir pour enfin fusionner. En ce sens, il définit assez bien le *Coagula* des Alchimistes.

Tout ce qui prépare donc au rapprochement des polarités entre deux êtres puis l'acte sexuel lui-même dans sa version sacrée et sacralisante devient dès lors le prolongement logique du Désir primordial tel qu'éprouvé par le Divin envers Sa Création. Rien en Lui n'est pulsion, besoin d'assouvissement ni même de satisfaction.

Ainsi, dans ce que nous allons aborder, tout ce qui entourera le rapprochement des corps et le rapport sexuel lui-même aura la valeur d'une liturgie, d'un office à vivre dans le temple ou la cathédrale de notre être.

Faut-il dès lors insister sur le fait que le compagnon, la compagne ou l'être aimé avec lequel ou laquelle nous nous engageons sur un tel sentier soit pleinement en accord avec la démarche profonde qui nous anime, c'est-à-dire qu'il ou elle ne simule pas la sienne comme "pour voir" en tant qu'expérience ou comme pour "jouer à un jeu" dont le sens profond lui échapperait et lui importerait peu.

Bien sûr, on peut toujours avancer jusqu'à un certain point dans une semblable direction tout en nourrissant inconsciemment une illusoire impression de complémentarité… et puis se retrouver finalement seul. On le peut, oui, et cela n'aura sans doute pas été vain… Toutefois soyons lucide d'emblée quant à cette possibilité afin d'éviter toute blessure.

Le Désir de l'Inconnaissable envers Sa Création est-il forcément partagé "jusqu'au bout" par tous les éléments constitutifs de celle-ci ? Pour certaines de ses "cellules" oui… quant aux autres, cela demeurera de l'ordre du "travail en chantier".

Une fois ces vérités bien ancrées en nous, prenons maintenant notre bâton de pèlerin et marchons vers la découverte puis la reconquête sereine et pacificatrice du Soi de notre désir.

2) Notre peau, un portail…

Nos pas vont nous amener sans plus tarder à prendre conscience du rôle majeur joué par le plus étendu de nos organes… Un organe que nous ne considérons pas comme tel : notre peau.

Suivant les époques et les cultures, quelle que soit sa couleur, son degré de pilosité et son niveau de douceur, la peau demeure invariablement notre premier espace d'échange avec l'autre, la nature, le monde, l'univers. Qu'elle respire, transpire, s'enflamme, s'assèche, se contracte ou se dilate en réaction à ce qui l'entoure, elle est peut-être le premier véhicule par lequel le Souffle Divin transmet l'effectivité de Son incarnation et amorce en nous l'expression initiatique de Son Désir.

Si on peut aisément concevoir cela par une simple réflexion, on ne se doute cependant pas que notre peau alimente en informations notre thalamus par des influx continus parcourant notre axe dorsal le long de deux types de canaux bien particuliers. Nous identifierons immédiatement ceux-ci : *Ida* et *Pingala*… bien que la science médicale ne les mentionne évidemment pas en ces termes.

À partir des différentes zones et strates sensitives du corps, *Ida* transmettra au thalamus tout ce qui a essentiellement rapport au toucher par la capacité de palpation de la souplesse, de l'élasticité d'une matière ou encore du ressenti de sa dureté, de sa douceur, de son soyeux…

Quant à *Pingala*, il parlera de température, de bien-être ou de douleur. Dans cette fonction, il servira en quelque sorte de jauge pour jouer un rôle de protection.

Toutefois... ce qui est le plus surprenant, c'est que le thalamus tient son nom du Grec *thalamos* qui signifie littéralement "chambre nuptiale"... Preuve - s'il en fallait une - que les anciens thérapeutes avaient déjà su relier *Ida* et *Pingala* à une zone centrale de l'encéphale concourant à l'union sacrée des Principes féminin et masculin[1]. Y a-t-il une façon plus limpide d'annoncer les "Noces célestes" auxquelles aspirent ceux qui sont réceptifs à l'enseignement du *Tantra*?

C'est là que prend toute sa valeur la mission de traduction et le rôle de courroie de transmission immédiate que remplit la peau car, n'en doutons pas, la descente de l'Esprit vers et dans la Matière est une Caresse du Lui à Elle.

À l'approche du "mystère nuptial" qui se déploie à l'épicentre de la discipline du *Tantra*, on comprendra donc de mieux en mieux l'importance du contact direct avec le corps du compagnon ou de la compagne.

Le toucher de la peau interpelle infailliblement l'âme et c'est pourquoi il peut continuer de faire peur. C'est au point où certains de ceux qui considèrent pourtant avec respect la voie tantrique ne veulent voir dans le rapprochement puis l'union du masculin et du féminin qu'un symbole à intégrer dans la solitude de la méditation. C'est un choix... Ce faisant, ils ne font en réalité que perpétuer un peu plus l'opposition corps/esprit et se placer hors de l'essence-même

[1] Voir à ce propos "La chambre nuptiale" au chapitre VII du "Testament des trois Marie" du même auteur aux Éd. Le Passe-Monde. Par ailleurs, dans la démarche alchimique, la "chambre nuptiale" définit l'espace où se retrouvent le Roi et la Reine. Chacun peut traduire...

du Tantra. Leur "oui mais" constitue alors une frontière qui concourt à repousser l'atteinte de l'état d'*Advaïta*, autrement dit l'ultime état d'Unité avec le Tout.[1]

3) Les rites de l'apprivoisement

Il me semble, en dehors même de toute approche de la discipline tantrique, que le toucher de la peau de "l'autre" ne devrait jamais être anodin mais toujours représenter la première phrase d'un dialogue fait de tendresse. La tendresse n'est-elle pas une sorte de propylée naturel menant à l'amour et à la compassion ?

J'ai régulièrement été surpris de constater que la majorité des voies spirituelles en fassent si peu mention. Peut-être est-ce justement parce qu'il y a en elle quelque chose de délicatement charnel qui rapproche trop l'Invisible du Visible et donc du tangible… Une sorte de *Terra incognita* qui fait peur ou, tout au moins, intimide.

Mais peu importe, c'est précisément pour découvrir avec respect et joie les espaces inconnus de nos êtres que ces pages existent. Pour cela, l'apprivoisement de l'autre, tout comme de soi-même, est incontournable. Dans la démarche que je suggère, on s'attachera par conséquent à "palper" la présence de la compagne ou du compagnon avant même que de se laisser embrasser par son regard. Rien de plus simple ni de plus spontanément doux…

[1] Voir à ce sujet "Advaïta… Libérer le Divin en soi" du même auteur aux Éd. Le Passe-Monde.

a) La sacralité du "dos à dos"

Se tenir tout simplement dos à dos avec l'être aimé constitue un rituel auquel on ne pense généralement pas... Pourtant, quand on veut bien le "vivre", il peut merveilleusement faire monter le "noble Désir" en soi.

Cependant que nous nous sommes assis dans la position du lotus ou du disciple, il permet à nos deux grands courants dorsaux, *Ida* et *Pingala*, de s'interpénétrer et, d'une certaine manière, de se "parler" intimement. Que l'on s'intériorise alors quelque peu et c'est aussitôt la vie profonde de l'autre qui vient nous chercher et qui stimule les déplacements du Souffle en nous à travers les palpeurs de notre peau dénudée. Dans la fausse obscurité de notre boîte crânienne la chambre nuptiale commence à s'éclairer de sa propre lumière... Laissons donc le temps à "l'aube rosée" qui la caractérise de déposer sa caresse.

Lorsqu'elle s'est manifestée dans toute sa beauté et qu'il y a une réelle communion entre l'autre et nous, la nécessité de faire "un pas de plus" se fera ressentir simultanément ou presque.

b) La magie méconnue du face à face

Celle-ci s'installe bien loin des regards de braise qui naissent des élans passionnels que la plupart des films nous donnent en spectacle... pour les laisser s'éteindre dans le quart d'heure qui suit.

Il suffit à chacun de se retourner délicatement en conservant la même position assise puis de poser enfin le regard sur celui ou celle qui se tient là, pour partager plus que jamais avec sa présence une subtile lumière commune, celle du mariage des auras respectives. Une invitation implicite à conscientiser *ce* qui se passe...

Les genoux se touchent, leur peau délivre leurs messages… Cela peut raconter tant de choses un genou ! Qu'est-ce qu'il confie de l'autre en nous et de nous en l'autre ? Peu importe. Par eux, nos corps s'invitent mutuellement à lâcher un peu plus prise pour entrer dans une autre dimension de la Confiance… Si ce n'est déjà fait, fermons alors les yeux.

Que se passe-t-il ? Notre corps vient de dessiner à sa base un circuit énergétique en forme de lemniscate. Pourquoi ne pas suivre quelques instants le mouvement de lumière que celle-ci initialise à partir de notre coccyx vers notre genou droit. Son circuit est fort simple à ressentir dans nos membres inférieurs…

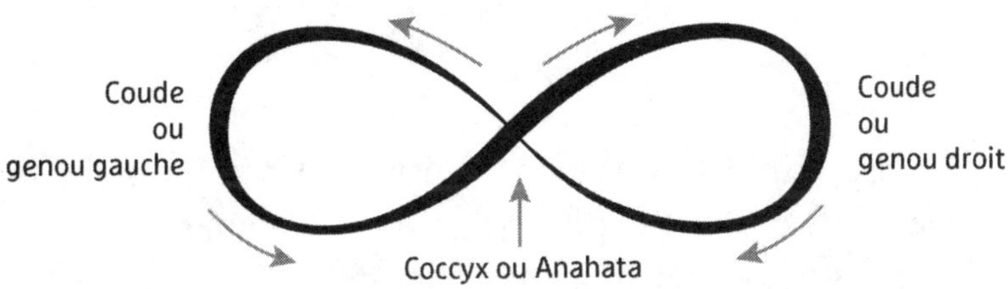

Ensuite, doucement, notre conscience se portera sur nos bras. Ceux-ci iront se croiser un peu au-devant de nous jusqu'à ce que nos mains rencontrent celles de notre compagnon ou de notre compagne dont les bras se seront également croisés à la hauteur d'*Anahata*, notre chakra cardiaque…

Une fois de plus, à notre insu, nous venons de générer une autre lemniscate d'énergie. Celle-ci prendra sa source au niveau d'*Anahata* pour développer sa double boucle analogue à celle mise en place à l'étage inférieur de notre corps. Nous suivrons bien sûr son flot de lumière puis nous laisserons nos bras, toujours croisés, se reposer sur nos jambes repliées…

Enfin, nous décroiserons les bras et laisserons nos mains s'unir comme bon leur semble tout en faisant que nos fronts puissent librement se rencontrer et se reconnaître.

De lui-même viendra s'installer un long et profond silence, uniquement peuplé par le léger souffle de la respiration de "l'autre"… témoin de la présence du Désir sacré en lui, en elle.

C'est "là" que la magie de l'Amour se déploie et qu'il importe de la laisser nous envelopper de son manteau.

Ce peut être, bien sûr, l'instant d'éclosion d'une prière silencieuse venue du cœur, celui d'une déclaration d'amour non possessif à la compagne ou au compagnon ou alors d'un abandon total au Souffle libre du Vivant.

c) Yab-Yum

Le terme *Yab-Yum* est d'origine tibétaine donc himalayenne comme la plupart des enseignements constitutifs du *Tantra*. Textuellement, il signifie "Père-Mère". En cela, il désigne également une position des corps qui illustre l'union sacrée des polarités masculine et féminine du Principe Divin.

Dans la Tradition shivaïte de l'Inde, on parlera de la fusion de *Shiva* et de sa parèdre, *Shakti*. Les représentations de cette union sous forme de peintures - *les thangkas* - ou de statues, bien que très suggestives, n'ont pourtant rien de ce que l'Occident considère comme érotique au sens trivial du terme. Elles déclarent seulement et avant tout que le corps de chair et ses attributs ne sont pas honteux et que, par essence, ils participent à la révélation du Divin en tout être puisqu'ils sont constitutifs du Divin Lui-même.

En se faisant chair, le Sacré se reconnaît en celle-ci et la sublime, poursuivant ainsi Sa propre ascension vers l'Inconnaissable.

On comprendra évidemment que la posture du *Yab-Yum* est la suite logique de celle décrite précédemment. Elle scelle l'union charnelle dans sa complétude et l'immortalise dans un état d'esprit totalement mystique. Cette posture ne peut s'installer que de soi, au moment le plus exact possible… ou n'être adoptée qu'ultérieurement en fonction de l'intensité du Désir "dépersonnalisé" recherché dans le silence de la chambre nuptiale.

L'illustration qui vous en est fournie page suivante n'a pas besoin d'être commentée. Il faut simplement noter que si elle résume l'essentiel de la posture, il en existe quelques variantes qu'on pourra aisément trouver dans la statuaire et l'iconographie traditionnelles. Ces variantes portent essentiellement sur le positionnement des bras, sur les *mudras* effectués par les mains ainsi que sur la taille donnée au principe féminin de la *Shakti*.

Cette dernière particularité en rapport avec la dimension physique classiquement accordée à l'image de la *Shakti* ne peut se comprendre que dans la mesure où, symboliquement, la polarité masculine représente le Ciel, lequel englobe naturellement la Terre, résumée par la polarité féminine. Par ailleurs, si nous remarquons que la tête de la Shakti regarde souvent vers le haut, ce n'est aucunement en signe de soumission mais pour figurer l'horizontalité de la Terre et le calice qu'elle représente ainsi.

Yab-Yum

À ce propos, il faut convenir que la spiritualité du Tao - qui aborde également le thème d'une sexualité sacrée - illustre certainement d'une façon plus exacte les épousailles du Ciel et de la Terre.

L'image classique et très éloquente du Yin et du Yang entrelacés représentant les deux principes différenciés issus du *Qi* - l'Énergie de Vie unifiée - nous le rappelle constamment. Elle souligne que l'interpénétration des supposés contraires est parfaitement naturelle et qu'elle traduit la Voie du Souffle.

Que dire également du caractère chinois qui suit et qui est présent dans la Tradition du Tao - ou Dao - si ce n'est qu'il évoque immanquablement la posture du *Yab-Yum* observé de profil, le principe de *Yum* représentant symboliquement un joyau…

Cela me vaut de revenir en quelques mots vers la Tradition bouddhiste tibétaine du *Vajrayana* dans laquelle il n'est pas rare - notamment sur des "drapeaux à prière" - de voir figurer un cheval porteur d'un joyau appelé *pierre de Chintamani*, *Chinta* signifiant la Pensée et *Mani* le Joyau. Ce dernier peut être assimilé à la *pierre de Shambhalla* également assise sur un cheval nommé *Lung Ta*, autrement dit "cheval du vent" ou, plus exactement, "cheval du Souffle". Certains philologues me trouveront sans doute audacieux mais…

C'est maintenant sur l'union charnelle elle-même que

je souhaite m'attarder puisqu'elle se déroule exactement à l'inverse de ce qui caractérise "normalement" l'acte en question. Par la façon dont celui-ci va se dérouler et être vécu, on quitte résolument les rives de la quête "ordinaire" du plaisir ou de la jouissance pour s'orienter vers celles de l'extase mystique...

Une telle extase, je le précise, n'est pas un état qui se programme ni se vit "dans la tête" par le travail d'une imagination habile en auto-suggestion face à une image que l'on pourrait se faire du Divin. C'est un état qui emporte et transporte l'être tout entier et au sein duquel il n'existe plus ni corps ni âme mais où tout s'expanse jusqu'au vécu d'une invasion totale de l'Esprit en soi.

En clair, le but n'est pas que la chair exulte à travers une étreinte sexuelle menant à un orgasme classique ou même quelque peu magnifié. L'intention est que l'orgasme lui-même - vécu simultanément des deux côtés - se transpose sur un plan infiniment plus subtil par le dépassement puis l'annihilation du phénomène de l'éjaculation et de tout ce qui l'entoure dans chaque polarité.

Dans l'union tantrique, il est donc question de la maîtrise de la production puis de la libération domptée et transmuée en lumière de tous les fluides sexuels générés par le corps.

Chez les femmes, cette maîtrise pourra de surcroit aboutir à un contrôle des flux liés aux menstruations. L'énergie résidant en ceux-ci sera alors en quelque sorte "collectée", transformée puis redistribuée dans l'ensemble de l'organisme par le réseau des principaux nadis dont *Ida* et *Pingala*.

Comment une telle maîtrise des fluides sexuels peut-elle se développer ? Que nous soyons homme ou femme, c'est à la fois simple et exigeant. Cela s'obtient très progressivement par *l'absence totale du mouvement des corps* qui accompagne "normalement" tout acte de chair.

En vérité, c'est dans *l'immobilité et le silence des corps* qui n'en font plus qu'un que la colossale énergie lovée de la *Kundalini* en vient à être stimulée, sollicitée pour "un jour" être libérée par la dilatation du canal de la *Sushumna*… jusqu'au jaillissement extatique d'une fontaine de lumière au sommet du crâne.

La sagesse du *Tao* enseigne à ce propos un "non agir" - *Wuwei* - qui n'exprime cependant pas une passivité mais une attitude de non intervention totalement fidèle à la dynamique intime et secrète de la Nature.

Quelle que soit la Tradition, on parle là d'un type d'orgasme infiniment plus puissant que celui que tout corps physique peut offrir, non seulement en intensité mais en durée. Les brefs instants que la chair propose en général se transforment en longues minutes qui, elles-mêmes, avec la pratique, généreront petit à petit des périodes de temps de plus en plus longues. C'est à cet état d'Amour sublimé qu'aspirent les véritables mystiques et dans lequel les plus réalisés d'entre eux s'immergent tandis que leur conscience supérieure est caressée par les Mystères, la Connaissance et la Sagesse du Vivant.

Un semblable état représente bien sûr un idéal spirituel que l'immense majorité d'entre nous - soyons humbles et lucides - n'est pas apte à atteindre. Si je le mentionne dans cet ouvrage ainsi que certaines données pratiques préparatoires, c'est afin d'en déblayer l'une des voies d'accès majeures et pour inviter à "travailler" en soi les inévitables épousailles du Corps et de l'Esprit, l'héritage auquel chacun d'entre nous peut prétendre au-delà de l'illusion du temps.

Il m'est déjà arrivé de l'écrire : *Notre destination à*

tous, c'est le Soleil.

Ainsi, c'est au sein de leur mariage immobile et longuement savouré en silence que les corps de deux êtres qui s'aiment d'Amour peuvent commencer à éprouver puis à patiemment cultiver le sentiment d'unité avec le Tout.

Front contre front, cœur contre cœur, stimulant des circuits énergétiques, alternant parfois doucement leurs inspirs et expirs, tous les couples qui en ressentent la nécessité sont invités à trouver dans cette immobilité active un horizon ensoleillé à la mesure de leur propre capacité de croissance.

Dans une aussi tendre et intime démarche, une meilleure connaissance de leurs cinq sens sera alors comparable à un fil d'Ariane à ne jamais lâcher…

2ème partie
La Sensualité

Chapitre IV

Au royaume de l'Odorat

Lorsqu'on est à la recherche du Divin ou, plus modestement, de Son approche au-delà des turbulences du mental, on pratique généralement différentes formes de méditation qui appellent à une certaine ascèse ayant pour but ce qu'on nomme "le retrait des sens". Il s'agit là d'une sorte d'automatisme qui s'appuie sur une logique que nul ou presque ne songe à contester. En effet, nos cinq sens ont pour fonction de nous mettre en contact avec "l'extérieur", c'est-à-dire tout ce qui fait notre monde.

Partant de là, il est bien sûr cohérent qu'ils nous distraient et nous détournent a priori de l'intériorité à laquelle aspire le noyau le plus intime de notre être. Le philosophe Blaise Pascal aurait dit en son temps que nos sens participent donc à notre "divertissement".

Le retrait des sens dont il est alors question porte un nom pour tous ceux qui sont adeptes d'un yoga méditatif. On l'appelle *Pratyâhara* et c'est un chemin d'exigence qui mérite tout notre respect.

En ce qui me concerne et qui caractérise la trajectoire spirituelle abordée par cet ouvrage j'éprouve cependant la nécessité de poser cette question : «Et si nos sens, *aussi*, pouvaient nous permettre de rejoindre notre Essence ?»

Oui... Et s'il existait une "façon de les vivre" qui puisse, également, nous ramener à notre intériorité ? Une façon de solliciter notre Soi qui fasse que ce que l'on prend d'emblée pour la cause d'une série de distractions éparpillantes devienne la source d'une infinie et sublime contemplation ?

Alors que choisir ? me demandera-t-on. Mais y a-t-il seulement un choix à faire ? Je ne le pense pas car le choix passe souvent par la tête, laquelle a la fâcheuse habitude de ne pas écouter ce que le "reste" de l'être ressent dans sa vérité.

Lorsqu'on a vraiment compris que le Principe du Divin réside à la fois au-dedans et au-dehors de ce qui est manifesté ou non manifesté, il apparaît clairement qu'aucun chemin n'est à opposer à un autre. Les deux mains d'un même corps sont-elles destinées à s'affronter ? Chacun sait qu'il y a des droitiers, des gauchers et que l'idéal est peut-être incarné par les ambidextres...

Il me semble que la sagesse est de ne rien contrarier en nous et de savoir reconnaître ce qui nous convient. Voilà pourquoi je vous invite à explorer ce qui l'est assez rarement : *La possible fonction sacralisante de chacun de nos sens en tant que clef permettant d'ouvrir le portail de notre intériorité.*

Notre Occident, celui de la Grèce par exemple, l'a su naguère mais l'a hélas mis aux oubliettes... Autrefois, le naos d'un temple - son Saint des saints - n'était ouvert que lors de la mise en place d'un flot d'offrandes sollicitant tous les sens et louant ainsi la Splendeur de la Divinité ou de l'une de Ses manifestations.

Approfondissons maintenant cette approche : Si on s'accorde sur le fait que notre corps est bel et bien un temple, où se trouve dès lors son naos ? Dans son cœur ? Bien sûr… mais encore… Plus précisément dans l'atome-germe de celui-ci, autrement dit dans ce condensé d'*Akasha* qui, à lui seul, contient et préserve la somme de toutes nos mémoires et - surtout - *la* Mémoire absolue de *la* Source.

Ainsi donc, l'offrande des fruits de nos sens, sublimés et transcendés, faites à notre naos peut-elle nous tracer une voie d'accès jusqu'à notre propre divinité enfouie puis oubliée car elle nous parle précisément de l'état d'*Advaïta*, celui de l'Union avec le Tout.

Peut-on supposer un seul instant que le Divin nous ait dotés d'une palette d'outils destinés à nous piéger au sein d'une multitude de dispersions obligatoires ? Ce serait pervers ! Par contre peut-on envisager la même palette conçue pour nous modeler, nous sculpter ? Certainement, oui ! Et il y a une logique à cela…

Le moteur du Désir sacré alimenté et maîtrisé par une sensualité noble que je qualifierais d'ascensionnelle appelle inévitablement l'âme à l'effort. Pourquoi dès lors serait-il si difficile d'admettre que l'Inconnaissable soit à la fois un peintre, un sculpteur, un musicien, un parfumeur, un créateur de saveurs et enfin un maître en l'art du toucher ?

Oui, pourquoi ? Parce qu'on nous a inculqué l'idée qu'il fallait nécessairement renoncer au monde et se soumettre au filtre d'une certaine expiation pour se dégager de notre asservissement à la Matière. Parce qu'en résumé on considère que l'austérité accompagnée d'une forme de mortification sont *le* chemin royal.

Mais il n'y a pas de chemin royal si ce n'est celui qui est jalonné de Joie, c'est-à-dire du doux appétit d'une Vie contemplée et vécue différemment parce qu'abordée dans un idéal de non dualité, vers l'Amour.

Le tout premier pas vers l'apprivoisement noble de la sensualité auquel je vous convie va nous conduire tout naturellement à la base de notre corps, vers le Royaume de l'Odorat, celui de notre assise dans l'incarnation, en périphérie de ce chakra portant le nom de *Muladhara*...

Il est aisé de le constater, le sens de l'odorat est le plus animal de tous, c'est-à-dire le plus spontané et le plus "en prise" directe avec le grand corps de la Nature. C'est sans doute la raison pour laquelle il suscite souvent peu d'intérêt et de respect dès qu'on entame une voie de croissance spirituelle. Et pourtant...

Il existe une expression souvent lancée à la légère ou à la plaisanterie qui mériterait qu'on s'interroge sur ce qui a pu vraiment la faire naître : *Être en odeur de sainteté*...

Ceux qui s'attachent à lui donner une explication acceptable par tous vous diront que la plupart des acètes ou des ermites vivant seuls dans un refuge reculé du monde en oublient de se laver et qu'à la longue il se dégage donc de leur personne "une certaine odeur". En vérité, même si cela peut parfois se vérifier, tout résumer à cela c'est bien peu connaître les possibles effets "collatéraux" de la prière, de la méditation ou, comme on le verra ici, de la contemplation. J'ai moi-même pu le constater en rendant visite à certains sages parvenus à une évidente altitude de conscience.

Il arrive en effet à des hommes et à des femmes réalisés ou en voie de l'être de dégager régulièrement un parfum de rose ou de jasmin tant le champ vibratoire de leur aura est imbibé par la présence enracinée de la Source en eux.

Ram Surat Kumar, dans le sud de l'Inde était l'un d'eux. Lui qui s'exprimait très peu et ne demandait rien interpellait ses visiteurs en captant ainsi leur attention au niveau de la fonction la plus basique de l'organisme humain. Était-ce intentionnel de sa part ? Certainement pas. Le parfum, voire l'essence de rose que son corps émettait régulièrement était un cadeau spontané traduisant l'union de l'Esprit et de la Matière... Certains diraient "de la Couronne et du Royaume". On chercherait donc en vain une sorte de recette conduisant à cet état de grâce qui d'ailleurs ne représente pas un but en soi mais une simple conséquence.

Si je cite cette anecdote c'est pour attirer votre intérêt sur le fait que toute odeur ou toute fragrance peut et *devrait* jouer son rôle dans l'épanouissement d'une saine sensualité au sein de ce que la Vie propose à tout instant ou presque.

Un parfum ou une simple senteur, c'est d'abord l'expression, le révélateur d'un état de la conscience, aussi embryonnaire soit-il parfois. À ce propos, toute aura humaine elle-même dégage en permanence une odeur plus ou moins agréable qui ne trompe généralement pas les animaux...

Mais un véritable parfum, c'est aussi une sollicitation à pénétrer les richesses de cet état pour un dialogue souvent inattendu avec le Sacré.

Que racontent quelques brins d'herbe fraîchement coupés, la crosse d'une fougère des bois qui commence à se dérouler, une fleur dressée sur sa tige ou encore un tapis de feuilles mortes ?

Que disent l'odeur de la neige ou de la pluie et quelles informations le souffle du vent transporte-t-il par elles ? Là encore, n'importe quel animal sait cela...

S'attache-t-on au très délicat parfum crayeux des plumes d'un oiseau familier, à ce qu'exhale la chaleur un peu fauve de la laine d'un mouton, aux effluves de l'océan tout entier imprimés dans un coquillage ou une algue fraîchement trouvée sur une plage ?

Parfois oui, bien sûr, si nous avons l'âme ouverte… mais peut-être pas comme il le faudrait, je veux dire en rejoignant en nous la Puissance qui les a mis au monde et dont ils sont les constants interprètes.

Pense-t-on également à humer la senteur énigmatique se dégageant d'une roche qui vient à s'effriter sur le bord d'un sentier de montagne ? Car elle existe bien, cette senteur tantôt humide tantôt sèche ou indéfinissable qui nous invite à remonter en nous jusqu'aux commencements du monde… Bien que muette, elle attend juste le décodage de notre cœur pour se délivrer d'une infinité de strates mémorielles qui nous ramènent inexorablement à *la* Mémoire du Vivant. Il faut en faire l'expérience par soi-même puis *apprendre à arrêter notre temps en Elle* parce qu'une telle Mémoire ne peut être enseignée nulle part dans les livres d'école… Pas plus que cette expérience qui consiste à respirer le parfum des cheveux d'un être qu'on aime ou encore celui de sa peau facilement bavarde en émotions… très au-delà des shampoings et cosmétiques !

Certes, on peut "penser" à capter tout cela et s'y attarder… mais il faut savoir de quelle façon on le fait, ce qui nous anime alors réellement, *Ce* vers quoi *Cela* veut nous attirer. Le secret à percer réside là, au cœur de l'Intention du divin sens de l'Odorat.

N'en doutons pas, le sens de l'Odorat témoigne d'une intelligence qui cherche à solliciter l'épanouissement de l'une des strates de la nôtre… Nous avons tous oublié que, lorsque nous étions nouveaux nés, il ne nous a fallu que trois ou quatre jours pour mémoriser l'odeur de notre mère. Ce n'était pas notre cerveau en pleine effervescence qui en était le tout premier responsable mais certains "détecteurs" logés dans la contrepartie éthérique de notre cœur.

Alors, je vous le demande, pourquoi négliger la quintessence du parfum à la fois maternel et paternel de notre Source ? Sa Présence nourricière a, elle aussi, une fonction d'Éveil. Je vous propose de la visiter car notre odorat peut lancer un pont entre ce qui est extérieur à nous et la Vie en nous.

Connais-toi toi-même et tu connaîtras l'univers et les dieux était-il écrit dans la pierre à l'entrée du temple d'Apollon à Delphes...[1]

1) Notre niveau d'enracinement

Quel est-il, au juste ? Il n'est certainement pas inutile de se poser la question même si, a priori, cette dernière peut paraître "décalée" dès qu'on entreprend une quête de nature spirituelle puisqu'on a fait dire au Christ « Mon royaume n'est pas de ce monde. »[2]

En effet, l'état de *Muladhara* - notre chakra de base dont les pétales sont plus ou moins déployés - s'avère le premier traducteur de la manière et de la profondeur avec lesquelles nous sommes "plantés" sur et en Terre.

Il en résulte qu'odeurs et parfums sont la nourriture première de nos racines, les outils avec lesquels nous pouvons également nous situer légitimement sur le territoire qu'il nous faut pour vivre et croître en harmonie.

Tout un chacun a besoin d'une demeure de base, fût-elle une grotte ou un terrier, pour y être le souverain de sa propre intimité. Apprendre à découvrir la véritable nature et le langage de notre odorat peut donc se révéler précieux dans l'art de mieux nous connaître.

---

[1] La version abrégée de cet adage ("Connais-toi toi-même") est parfois attribuée à Socrate.

[2] Cette déclaration a manifestement été tronquée et détournée de son sens initial car la Mémoire akashique révèle plutôt ceci qui fait référence aux assises de la vie incarnée : « Mon royaume n'est pas de ce monde mais s'appuie sur lui. »

Les anciens Égyptiens pour qui les sens étaient des maîtres enseignants avaient, quant à eux, développé une méthode qui mettait en évidence l'importance de l'odorat dans le développement d'une sagesse favorisant l'éclosion de la Conscience.

Cette méthode était fondée sur le décryptage du langage secret tenu par *l'or*, *la myrrhe* et *l'encens*, ces trois présents offerts traditionnellement par les rois mages, Melchior, Balthazar et Gaspard au futur Jeshua à peine né dans son "étable".[1] C'est à ce décodage que je vous propose maintenant de participer afin que "*Ce qui est en Bas*" se confie et s'amalgame à "*Ce qui est en Haut*".

2) Le langage de l'or

Bien qu'il soit classique d'affirmer à notre époque sur un ton semi-amusé que « l'argent n'a pas d'odeur », les initiés égyptiens contemporains du pharaon Akhénaton n'en disaient pas autant de l'ensemble des métaux et encore moins de l'or auquel ils prêtaient une réelle fragrance capable de nous tenir un discours introspectif…

Pour qui veut s'en donner la peine - ou le plaisir - l'expérience est simple à faire. Elle demande toutefois à être souvent répétée dans une pièce ou un lieu que nous identifions comme étant particulièrement "chez nous", un lieu sécurisant dont nous nous sentons le souverain même si, bien sûr, nous ne sommes pas le seul à y pénétrer…

a) Asseyons-nous de préférence dans la position du crapaud avec, au creux de nos deux mains réunies en forme de coupelle, un petit objet en or ; ce peut être

---

[1] Cette tradition se base sur le seul Évangile selon Mathieu.

une bague, un médaillon, une chaîne ou tout autre chose qui nous appartient.

b) Après avoir fait le vide mental, nous inclinerons le haut de notre corps jusqu'à ce que notre visage rencontre nos deux mains ouvertes et leur contenu... Alors, dans un total lâcher-prise, nous laisserons monter en nous l'émanation de son or. Vous serez sans doute surpris de la percevoir assez aisément, peut-être pas essentiellement avec vos narines mais avec "quelque chose" qui se situe en amont des capteurs de vos fosses nasales. C'est ce "quelque chose" qui, avec un peu de pratique, sera chargé de vous parler de vous-même...

c) L'âme de l'or ou plus exactement sa conscience minérale globale va vous suggérer d'observer de quelle façon vous avez tendance à affirmer votre personnalité égotique. Ce sont tous les "je veux" et tous les "c'est à moi" qui, les uns après les autres et à condition de ne pas leur faire barrage, vont demander à faire surface en vous. Certainement d'abord avec des élans de fierté, de dignité, de gloriole, d'un besoin de contrôle ou de céder à des pulsions, jusqu'à ce que, peu à peu, une altitude soit prise et qu'un détachement s'installe enfin.

d) Comprenez que lorsque ce détachement apparaîtra, souvent accompagné d'un sourire intérieur, ce sera le signe qu'un fil de lumière aura été lancé de la base de votre être vers son sommet et inversement. Ce sera le témoin d'un véritable appel et de sa réponse, véhiculés par le Messager divin qu'est Mercure, voyageant de votre Royaume jusqu'à votre Couronne.

Chacun sait que l'or est un métal inaltérable... cependant, étrangement, il accepte de se dissoudre dans le mercure avec lequel il forme dès lors un amalgame. N'y a-t-il pas là de quoi faire "réfléchir", au sens premier de ce terme ?[1]

3) Le discours de la myrrhe

Traditionnellement - mais indépendamment de l'Égypte - la myrrhe est le présent offert au futur Christ par Balthazar, ce roi-mage à la peau noire, Africain donc, représentant à lui seul le peuple racine de notre humanité. Rien de surprenant en soi puisque la myrrhe a fort longtemps été aussi prisée que l'or, voire davantage, de par sa rareté et ses nombreuses qualités thérapeutiques.

Pour les anciens Égyptiens, cette gomme résineuse recueillie sur le tronc torturé et épineux d'un petit arbre des régions semi-désertiques symbolisait en premier lieu la souffrance et la mort. En ce sens, elle rappelait à l'homme, quel qu'il fût, sa nature éphémère en ce monde, son côté mortel donc, en même temps qu'elle lui offrait, en contrepartie, ses vertus sédatives. En effet, dans de nombreux pays du large pourtour méditerranéen et jusqu'en Asie, il a toujours été d'usage d'en proposer - parfois mêlée à un peu de vin - à des personnes en proie à de grandes douleurs.[2]

Pour quelle raison ? Parce que sur le plan de sa constitution éthérique, la myrrhe aimante les éléments toxiques qui

---

[1] Voir la note de bas de page relative au mercure et à Mercure au chapitre I de cet ouvrage, page 17.

[2] L'Évangile selon Mathieu relate d'ailleurs qu'il en fut proposé au Christ avant Son supplice mais que Celui-ci l'aurait refusé... Un "détail" que ne corrobore pas la Mémoire akashique et qui témoigne d'un probable ajout de certains des Pères de l'Église dans leur obsession pour le caractère rédempteur de la souffrance. Il "fallait" que le Christ ait "voulu vivre" pleinement la douleur absolue.

affaiblissent ou épuisent à la fois le corps physique et le corps mental.

Cependant, malgré le côté amer qui la caractérise et qui peut rappeler l'amertume de la vie elle-même, la myrrhe est également réputée avoir dans certains cas des vertus aphrodisiaques[1] et amplifier ainsi les états passionnels en rapport avec la chair et les émotions, lesquels asservissent ou, au contraire, subliment les relations entre les êtres humains.

Dans la démarche qui est nôtre et qui, je le rappelle, est empruntée pour une part aux contemporains d'Akhénaton, c'est précisément cette double fonction - lunaire et solaire - qui va retenir notre attention...

L'alternance désir/jouissance et souffrance/mort peut constituer effectivement un moteur d'introspection et de contemplation non négligeable. En nous y confrontant, nous aurons l'opportunité de visiter en nous quelques-unes des expressions exacerbées de notre chemin de vie et de nos comportements, celles dont toute tiédeur a été absente. Nous donnerons alors rendez-vous au visage "pathétique" de ce qui a fait et continue de faire notre vécu.[2]

a) Une fois encore, asseyons-nous de préférence dans la position du crapaud après avoir reçu dans la coupelle de nos mains réunies un tout petit peu d'essence de myrrhe. Nous procéderons alors ainsi que nous l'avons fait pour l'or. La tête vide de toute préoccupation, nous nous inclinerons lentement vers nos mains et leur précieux contenu au parfum rapidement enivrant.

---

[1] Cette spécificité est notamment mentionnée dans le célèbre "Cantique des cantiques" de l'Ancien Testament.

[2] Il peut être utile de savoir que le mot "passion" dérive du latin *patio*, lui-même issu du Grec *pathos*.

b) Au bout de quelques instants, nous redresserons notre buste afin de laisser la puissance de la myrrhe agir en nous. Si nous lâchons prise nous serons surpris de constater avec quelle facilité celle-ci va faire ressurgir en nous la mémoire - ou tout au moins la trace résiduelle - de certains combats qui nous ont placés face à des aspects de nous-même nous ayant poussé à des excès, telles des jalousies incontrôlées, des pulsions sensuelles exacerbées ou refoulées. Il pourra s'agir également de causes épousées sans mesures, parfois désespérées, comme pour se confronter à la souffrance. Nous laisserons tout cela venir pêle-mêle en acceptant le cortège des émotions qui en émergeront inévitablement…

c) Enfin, sans rien précipiter, nous générerons intérieurement un circuit énergétique à l'image d'un petit cercle lumineux en mouvement englobant notre premier et notre deuxième chakras, un cercle dont nous ouvrirons la boucle après une minute ou deux afin que l'une de ses extrémités finisse par s'élancer jusque dans la région de *Manipura*, notre troisième chakra, le centre des émotions. Si quelques larmes montent alors, rien de plus normal, laissons-les parler leur langue…

4) Les envolées de l'encens

Ce qui ouvre au Divin… c'est par ces mots que les anciens Égyptiens et les thérapeutes du delta du Nil - toujours eux - définissaient l'encens dont la manifestation volatile ne peut que suggérer à juste titre "ce qui élève".

Mais comment un élément de ce qui constitue le Royaume peut-il permettre d'accéder à la présence sacralisante - au *darshan* - de la Couronne ? En invitant expressément à monter au-dedans de soi, autrement dit en proposant l'apprentissage humble de la reconnaissance puis de la vénération de ce qui, par son corps issu de l'univers des phénomènes, aspire l'être vers celui des causes.

Il est des matières dont la fonction est de ne raconter que l'infiniment subtil. L'encens est de celles-là...

Initialement, l'encens se composait en majorité d'oliban, une gomme également résineuse, tout comme la myrrhe. On y associait différentes herbes et autres résines, en fonction des régions et des climats. Cela demeure ainsi aujourd'hui si on fait abstraction des substances odorantes chimiques que certains fabricants peu scrupuleux y introduisent, le privant ainsi de sa sacralité. Afin de poursuivre notre exploration intérieure et la purification espérée, assurons-nous donc d'utiliser un encens de qualité supérieure, que ce soit en bâtonnets ou en éclats de résine déposés sur un charbon de bois incandescent…

a) La mise en œuvre de ce nouveau voyage visant, comme les autres, à nettoyer puis à dilater harmonieusement *Ida* et *Pingala* requiert la même posture que précédemment. On adoptera donc de préférence la position du crapaud.

b) À très faible distance de nos genoux, nous aurons au préalable allumé un ou deux bâtonnets d'encens ou commencé à faire brûler des résines, le tout étant d'obtenir de belles et généreuses volutes qui s'élèveront face à nous dans des circonvolutions d'un blanc bleuté.

c) Le mental en paix, les yeux fermés, nous joindrons alors les deux mains au niveau de notre cœur comme pour initialiser classiquement un état de prière... Car, en fait, c'est bien d'une prière - appel et offrande confondus - dont il va être question, au-delà de son déroulement peu conventionnel.

d) Après quelques instants d'intériorisation, nous abaisserons simultanément nos deux mains pour qu'elles se rejoignent à nouveau - mais en forme de coupelle inversée - légèrement au-dessus de notre encens incandescent et parmi le lent tourbillon de ses volutes. L'intention est qu'elles s'imbibent de ses fragrances chaudes, qu'elles s'en enduisent comme d'une onction bénie.

e) Prenons-en le temps, les paupières toujours closes... jusqu'à ce que nous ressentions le Désir de porter paisiblement nos mains jusqu'à notre visage afin qu'elles le recouvrent intégralement et que notre odorat s'imprègne de leur Essence ascensionnelle. C'est là que le voyage va pouvoir s'expanser et que la nature profonde de "ce qui ouvre au Divin" aura toute latitude pour nous conduire au-delà de ce que nous savons de nous-même.

Surtout, surtout... ne rien "projeter" mais laisser la spirale de l'Esprit se dérouler en nous sans limite en une sublime volute. Des visions, même brèves, pourront éclore, propres à chacun...

Laissons-les être dans la beauté de leur fugacité. Il n'y aura rien à vouloir ni à devoir comprendre mais un état de soi à contempler... jusqu'à l'approche d'une Saveur...

Chapitre V

La sensualité des Saveurs

«*Je suis le vrai cep et mon Père est le Vigneron...* » Comment poursuivre notre réflexion autrement que par ce bref extrait de l'Évangile selon Jean ?[1] Si la suite de ce texte dans sa version canonique traduit hélas certains des aspects les plus dogmatiques de l'Église, on ne peut en dire autant de cette affirmation qui appelle, quant à elle, à une véritable "contemplation expérimentale" de la fonction et du symbolisme initiatique du vin, une fonction que je mettrai en parallèle avec celle du pain.

Le vin et le pain... Depuis la plus haute Antiquité, ces deux aliments, liquide et solide, n'ont en effet cessé d'accompagner notre humanité dans ses pérégrinations entre la vie et la mort, les excès et les manques. Voilà pourquoi la quête singulière à laquelle je continue de vous convier en vous entretenant des possibles vertus transcendantes des Saveurs m'amène maintenant à vous attirer plus particulièrement du côté de la Grèce d'antan et de ses pratiques rituelles.

---

[1] Jean : 15, 1-2. Nous avons préféré ici le mot "cep" à celui de "vigne" que l'on trouve dans certaines traductions car "cep" est issu du Latin *cippus* qui signifie "tronc", ce qui nous ramène tout naturellement à l'Arbre de la Connaissance évoqué au début de cet ouvrage.

Qui se soucie aujourd'hui de savoir pourquoi, dans ses traditions ancestrales, le vin était associé à ce que l'on appelait les *Grands Mystères de l'Esprit* et le pain aux *Petits Mystères*, liés quant à eux à la Matière ? C'était à Éleusis, non loin d'Athènes, qu'on célébrait les uns et les autres.[1]

Voyager de Dionysos à Déméter et vice-versa dans un contexte initiatique peut pourtant s'avérer d'une richesse surprenante. Là encore nos sens, dans leur rôle sacré, ont beaucoup à dire si on sait comment les faire parler puis les écouter… car à l'Eau de vie répond le Pain de Vie, celui du partage, une forme d'Eucharistie universelle qui dépasse les frontières du Christianisme.

1) Le vin… L'initiation selon Noé

Lorsqu'on s'est tant soit peu penché sur la mystique profonde qui relie secrètement un grand nombre de cultures à travers le monde, il est difficile d'aborder la question du vin sans reconnaître à celui-ci un rôle de "passeur" ou encore de "relais" entre un état et un autre. Pour être plus précis, j'ajouterai de "pont" menant d'un niveau de conscience à un autre.

C'est vraisemblablement la raison pour laquelle certaines Écoles initiatiques l'associent à Noé, ce patriarche biblique survivant au Déluge et chargé de "réensemencer" la Terre à tous points de vue y compris en ce qui concerne le rapport de l'humanité au Divin. En ce sens, ces mêmes Écoles en font donc le révélateur du savoir-faire conduisant à la fermentation maîtrisée du raisin… D'où l'invention du vin… sous-entendu sur suggestion divine.

[1] Les notions de "grands" et "petits" sont ici à relativiser. Elles ne sous-entendent pas supériorité ou infériorité mais complémentarité dans leurs manifestations, les uns ne pouvant être sans les autres, de même que l'assise d'un siège n'est pas concevable sans les pieds de celui-ci.

Bien évidemment, il serait vain de chercher la moindre vérité historique dans tout cela. Seule la Mémoire akashique pourrait un jour nous éclairer à ce propos. Il est néanmoins vraisemblable que notre espèce ait dû, dans des temps reculés, vivre un véritable "rite de passage" en étant confrontée à l'élément liquide puisqu'il existe, à travers ses différentes cultures, environ six cents versions d'un Déluge total ou d'une invasion massive des eaux sur une partie des terres habitées, obligeant ainsi à une "refonte" ou ré-initialisation du rapport à la Vie.

Mais allons plus loin… Étymologiquement, le nom de Noé, ou de Noah en Arabe, nous renvoie à la notion de *réconfort* ou à l'idée de *rendre grâce*. En fait, il suggère un élan de gratitude envers la Source divine après l'état de plénitude ressenti à la fin des vendanges puis l'adéquate fermentation des grains de raisin aboutissant à la boisson que l'on sait…

Mais peu importe que le premier vin de notre histoire connue soit né il y a cinq ou six mille ans en Mésopotamie, dans le Caucase ou encore sur les pentes du Mont Ararat[1]. Il suffit de savoir que ce n'est peut-être pas pour rien qu'il a fait la fierté respectueuse des prêtres de l'Égypte ancienne, des Hébreux, des Grecs, des Romains puis des nombreux peuples de la Gaule… avant de tomber dans un domaine beaucoup plus "public" et donc profane.

En effet, ce qui importe c'est de revenir sur les notions de réconfort et de grâce citées plus haut, celles qui n'ont pas échappé aux mystiques et qu'il va nous falloir essayer de pénétrer à notre tour derrière la seule saveur du vin. Il va le falloir parce que ce n'est pas simplement le plaisir, même raffiné, de sa dégustation qui peut solliciter l'intérêt profond de celui qui est en quête de toutes les déclinaisons du Vivant.

---

[1] Les Écrits bibliques affirment que Noé fit précisément accoster son Arche au sommet du Mont Ararat, à la frontière entre l'Arménie et l'actuelle Turquie.

En réalité, si le Principe qui anime l'alcool ou plutôt "l'eau de feu" a toujours initialement revêtu un caractère sacré c'est parce que, dans certaines proportions, celle-ci permet d'atteindre ce qu'il est convenu d'appeler un état de conscience expansé, autrement dit de faire émerger des perceptions que le mental basique verrouille.

Dans des quantités contrôlées qui ne laissent pas de place à l'ivresse, les initiés de tous les peuples ont pu remarquer que le vin - qui exprime effectivement un équilibre entre l'eau et le feu - peut autoriser ou faciliter une approche de certains des rouages de la Vie subtile en toute chose, au-delà des masques. De fait, les Principes de la Lune et du Soleil - *Ida et Pingala* - s'y rencontrent, s'y entrecroisent comme sur un axe dorsal et proposent alors une forme de dilatation de la conscience.

En évoquant le cep en tant que tronc offert aux vendanges, le texte attribué à Jean ne désigne rien d'autre que l'Arbre officiellement interdit de la Connaissance "serpentine", celui qu'on n'approche pas inconsidérément.

Goûter intelligemment à la quintessence de son Fruit peut donc devenir un réel rite de passage conduisant d'un état à un autre, du profane au sacré. Le mot "intelligemment" est bien sûr ici de première importance.

Chacun sait en effet que, si le Principe figuré par le Dionysos des Grecs était réputé donner accès aux Mystères, il détenait aussi la clef pouvant mener à tous les excès, c'est-à-dire qu'il s'affirmait soit comme un outil d'élévation soit, au contraire, de chute vers la dépravation. Les extrêmes ont pour particularité de souvent se côtoyer et de s'instruire mutuellement.[1]

---

[1] C'est sur cet aspect dépravation que l'Islam tel qu'il se présente généralement s'est focalisé. En effet, il apparaît que dans un certain nombre de sourates ce n'est pas l'alcool ou le vin en tant que tels qui sont proscrits mais l'ivresse. La "Sourate Mohammed" (15) évoque d'ailleurs dans le monde paradisiaque la présence de "fleuves de vin" en tant que récompenses…

Bien évidemment, c'est vers l'élévation que nous allons tenter de tracer ou d'élargir encore un peu plus notre chemin…

Savez-vous que l'on peut assurément goûter à la Lumière lorsqu'on demande à Celle-ci, en toute pureté, de couler de Source ? La pratique que je vous propose maintenant et qui sollicitera notamment votre second et votre quatrième chakra vous fera éprouver cette vérité.

Idéalement, cette pratique demande à être vécue en couple puisque le vin, tout comme le pain, remplit davantage sa fonction dans le contexte d'un partage étant donné les notions de complémentarité et de réconfort que celui-ci induit. Le vin véhiculera aussi alors l'idée d'une transmission d'énergie tout comme s'il se faisait Arche. Toutefois, rien ne vous empêche d'en éprouver les bienfaits en solo.

a) La position à adopter de préférence sera celle du lotus ou du disciple. Si vous pratiquez avec un compagnon ou une compagne vous aurez alors soin de vous placer en contact, dos contre dos, chacun ayant auparavant posé devant lui, sur le sol, une petite coupe de vin. Peu importe que celui-ci soit rouge ou blanc. Par respect pour son rôle, il faut seulement veiller à ce qu'il soit de qualité.

b) Après un temps de silence et d'intériorisation, les yeux clos, au rythme paisible de plusieurs inspirs et expirs, vous ferez monter et descendre une colonne de Lumière entre votre premier et votre second chakra.

c) Vous sentirez de vous-même le juste moment où, au terme d'un inspir, il sera bon que vous preniez dans une main votre petite coupe de vin. Vous porterez ensuite celle-ci au niveau de votre cœur puis à vos lèvres… Toujours à votre rythme et par petites gorgées vous en boirez alors le contenu. Veillez bien à faire cela très en conscience et tout en abandon afin que son esprit de vie s'installe en vous et vous imprègne.

Sachez que cet esprit de vie sera un transmetteur… Vous pourrez le capter dans ce "quelque chose d'absolument indéfinissable" qui se laissera peu à peu deviner à travers sa saveur, comme si vous écartiez doucement le rideau de celle-ci. Accordez-vous vraiment le temps nécessaire pour laisser ce "quelque chose" s'épanouir en vous…

d) Avec un peu de pratique, vous commencerez à percevoir en votre être des sortes d'éclats lumineux accompagnés d'états d'émerveillement venant gommer - même brièvement - tout sentiment de dualité. De quoi seront faits ces états ? Vous les laisserez simplement raconter "quelque chose de vous". Ce sera quelque chose qui dira votre rapport à la vie, à tout ce que, sans même le savoir, votre âme souhaite lui offrir dans ses besoins de transmission du meilleur d'elle-même… car vous êtes un acteur du Vivant, un trait d'union qui aspire à la fluidité entre tout et Tout.

De tels instants seront bénis et feront de vous l'un des maillons d'une Tradition sans âge. Ils vont participer à étancher une soif, celle de la mémoire profonde de vos cellules jusqu'à votre atome-germe, tout là-bas, tout ici, dans le naos de votre cœur. Certains d'entre vous auront peut-être même l'impression de les vivre hors de leur corps… Une impression qu'il ne faudra cependant ne jamais rechercher sous peine d'amoindrir le processus d'élévation amorcé.

e) Lorsque vous sentirez que cette phase d'exaltation touche à sa fin, vous porterez lentement l'une de vos mains à plat sur votre second chakra et l'autre au centre de votre poitrine, sur *Anahata*.

Sans doute vous sera-t-il facile d'imaginer la puissance que peut revêtir un tel vécu si, lors de cette pratique avec un être aimé, ces états de conscience sont éprouvés simultanément. On se rapprochera alors de certaines des particularités enseignantes du Tantra en entrevoyant déjà les rives d'un orgasme psychique…

Enfin, dans tous les cas, n'oubliez pas de remercier la Source en vous…

2) Le pain… L'initiation selon Marie

Le pèlerinage que je vous propose maintenant dans l'exploration des saveurs du pain va s'avérer tout aussi important que celui du vin. Il en est le complément indissociable. Également célébré à Éleusis, le pain, sublimation du blé, y était perçu comme un prolongement de Déméter, une divinité profondément liée aux moissons et à l'univers généreux de tous les végétaux soutenus par les Forces célestes.[1]

C'est ainsi que le pain a toujours été reconnu en tant que nourriture archétypale réconciliant ces faux contraires que sont la densité terrestre et le Souffle spirituel. On comprendra donc que les principes d'*Ida* et *Pingala* s'épousent également en lui pour nous entretenir de la réalité de *Sushumna*, conséquence d'un partage ascentionnel…

---

[1] Déméter, en Grèce antique, trouvait son équivalent chez les Romains en Cérès dont le nom est plus évocateur pour nous puisqu'il est à l'origine du mot céréale.

Mais avant de poursuivre, levons à la fois le regard vers les cieux et penchons la tête vers le sol car, étymologiquement, Déméter signifie "Mère de la Terre". Rien de surprenant puisqu'elle joue pleinement le rôle d'une Déesse-mère, éternelle dispensatrice de nourriture. Dès lors, quoi de plus logique si les gestes de rompre puis de partager le pain dans un état de conscience expansé a reçu le nom d'initiation de Marie au sein du Courant gnostique des premiers siècles de notre ère puisque l'envergure universelle du Principe Féminin à la fois terrestre et céleste, quel que soit le nom qu'on lui donne, en fait *la* Mère nourricière.

Bien évidemment, il y a l'Eucharistie telle qu'on dit qu'elle fut instituée par le Christ lors de la fameuse Cène et qui débuta par une fragmentation et un partage du pain avant de se prolonger par une communion à la même coupe de vin... Toutefois, ce serait oublier que le partage du pain existait déjà depuis des temps reculés dans les Communautés juives et au cœur de la Fraternité essénienne. Avant d'entamer tout repas, la Tradition juive voulait que l'on célèbre ainsi la "libération d'Égypte" tout en se préparant à une Libération spirituelle finale, laquelle reste encore à venir. Quant à imaginer qu'un partage de cette nourriture fondamentale que représente le pain ait été au centre d'autres cultures dont on n'a pas gardé la trace, cela me paraît logique et évident.

Il y a des attitudes et des gestes principiels dont l'impact et les prolongements sacrés solliciteront toujours les sommets de la conscience humaine.

Derrière l'archétype du pain, le blé nous parle des cycles de la vie incarnée auxquels nous sommes soumis mais qu'il nous appartient néanmoins de transcender en les portant à un niveau vibratoire supérieur. L'épi de blé est, en effet, synonyme de mort et de renaissance - sinon de régénération -

puisque son grain se re-sème de lui-même et nous rappelle le principe de fécondité de la Nature qui s'offre constamment à nous.

Ainsi, le goût du pain, lorsqu'il est pleinement "décodé" peut-il nous suggérer puis nous enseigner le goût de la Vie dans ce qu'elle a d'invitant à croître pour enfin libérer le substrat de notre être.

La pratique qui suit vise à cette expérimentation ou tout au moins à entrer dans l'apprentissage de cette proposition.

a) À l'image de l'initiation selon Noé, celle selon Marie prendra toute sa force si elle est vécue en couple[1]. Dans un semblable cas, il ne sera cependant plus question de se positionner dos à dos mais bien face à face, les jambes de l'un rejoignant celles de l'autre dans un contact physique étroit.

   Avant de vous positionner ainsi, vous aurez pensé à placer un pain de petite taille au creux d'une corbeille dans l'espace créé entre vos jambes repliées et celles de la personne qui vous accompagnera dans la sacralité de ce rite.

b) Vos quatre mains s'uniront sans tarder, reposant librement là où elles trouveront le plus de confort mutuel. Vos paupières se fermeront de concert puis, si votre souplesse le permet, vos fronts respectifs se rencontreront quelques instants.

   Après avoir pris une grande mais lente inspiration, chacun de vous disposera alors de son souffle à son propre rythme, sans y prêter attention.

[1] Ici encore, il est bien sûr tout à fait possible de la vivre seul.

c) Viendra ensuite le moment de vous centrer sur votre second chakra, c'est-à-dire d'y placer doucement votre conscience. Peut-être y percevrez-vous d'emblée un léger feu interne suggérant la chaleur réconfortante d'un foyer maternel. En cas contraire, allumez-en un...

d) Dans l'intimité de ce centre que vous ressentirez progressivement à l'image d'une matrice, vous ferez maintenant une halte... avant d'en faire monter une colonne de chaleur jusqu'à *Anahata*, votre quatrième plexus. Laissez celui-ci s'en emplir...

e) Tout naturellement, vous percevrez ensuite le juste moment pour la bénédiction de votre pain au creux de sa corbeille...
Vos mains délicatement posées sur lui, tracez intérieurement en son centre le signe de consécration qui conviendra le plus à votre sensibilité. Celui d'une croix grecque, de la croix Ankh des Égyptiens ou encore celui d'une étoile "luni-solaire" à huit branches ; peu importe pourvu que son symbole soit généré avec une conscience accrue.

f) Vous terminerez ce temps de consécration par la fraction de votre pain, que ce soit avec vos mains seules ou simultanément, en complicité d'âme, avec celles de l'être aimé qui vous accompagne. Sachez que ce sera alors le début de l'ensemencement que signifie tout partage.

g) Vous porterez donc un petit morceau de votre pain à votre bouche et vous le savourerez comme il convient... Et "comme il convient", cela veut dire avec tout l'Amour qui s'y est condensé à votre demande et qui vous relie à la Mère Universelle. Avec tout le respect aussi qui lui est dû.

Ne craignez surtout pas de vous laisser porter par le goût de ce pain venant nourrir votre chair tout en dilatant la conscience propre à votre cœur. Tentez d'en apprivoiser les nuances afin qu'à leur façon elles puissent agir sur votre qualité d'âme et dilatent l'instant présent. Les Anciens cherchaient à prolonger cet instant jusqu'à l'apparition d'un léger frisson le long de leur échine, tel le sceau d'une Alliance renouvelée.

Il se pourrait alors qu'une vague de "saveurs luminescentes" vous submerge et vous propose ce questionnement : « Qui suis-je donc ? Qu'est-ce que cette Vie qui se fait mienne en cet instant suspendu ? »

h) Il ne vous restera qu'à retrouver les mains de votre compagnon ou de votre compagne puis à faire en sorte que vos fronts se rencontrent à nouveau pour clore le rituel…

Est-il besoin de préciser que ces deux cérémoniels de sacralisation du sens du Goût peuvent être accomplis consécutivement ? Ce faisant, c'est une véritable Eucharistie "sous les deux espèces" que vous aurez offert à votre être profond.

En quelque sorte vous aurez célébré des Agapes, ce repas fraternel que partagent des âmes qui s'aiment dans leur totalité mais aussi un repas à la table du Divin. Celui-ci Se sera invité jusque dans votre chair pour que vous vous livriez à la noble sensualité de Son Souffle…

Chapitre VI

La quête d'un Second Regard

Tout faire et tout être pour incarner le Divin et diviniser l'humain... Faut-il vraiment des millions et des millions d'années ou de vies pour approcher enfin *cela*?

Oui, il semble bien... mais, si nous ne voulons pas en souffrir ou y perdre courage, il convient alors que nous apprenions à nous tenir au-delà de la prison mentale du Temps qui passe.

Le tel déclic ne peut s'opérer que lorsque le Souffle, à force d'avoir été appelé à s'engouffrer en nous, nous incite enfin à développer une autre proximité croissante et différente avec tout ce qui *Est* et nous fait découvrir la liberté que cela implique.

Sommes-nous toutefois prêts à accepter ce que cette liberté signifie? C'est le face à face avec la vastitude du Vivant qui nous interpelle ainsi, une interpellation que le don qui nous a été fait de la Vue est destiné à amplifier.

Avant toute chose, posons-nous cependant cette question faussement simple: « Qu'est-ce que Voir? »

Certains clament: « Je ne crois que ce que je vois! » Affirmation qui réduit le fait de voir à une banale constatation visuelle, affirmation quelque peu "usée" mais qui continue néanmoins de plomber en sourdine la conscience parce qu'elle participe perfidement, comme d'autres, à prolonger la densité de notre incarcération.

En réalité, il s'agit pourtant d'une affirmation qui s'auto-détruit dès lors qu'on commence à comprendre qu'elle est basée sur la confusion entre deux concepts : celui de voir et celui de regarder car le premier est bien distinct du second. On peut en effet passer des vies à "regarder" sans jamais "voir".

Un adage chinois dit à peu près ceci : *Lorsque le sage montre la lune, l'idiot regarde le doigt.* Serions-nous atteints de cette sorte d'idiotie ? Sans vouloir minimiser nos efforts ni offusquer qui que ce soit, je le crois aisément parce que notre regard demeure pauvre et à faible portée. Il s'interrompt généralement en chemin, persuadé avoir englobé la totalité du parcours alors qu'il a à peine effleuré la surface des choses.

Qui ose aller de la froideur du seul regard à l'intensité de la Vue ? C'est simple : tous ceux qui ne craignent pas d'explorer le monde des émotions après avoir compris que celui-ci est l'un des plus merveilleux outils que la Source puisse nous proposer.

Oh ! je sais bien, les émotions on s'en méfie... surtout lorsqu'on se dit "sérieux" sur la voie qui est sensée nous rapprocher de l'Esprit. Sans doute... mais cet égo qui les éprouve à travers les embûches et embuscades provoquées par ses masques protéiformes n'est-il pas également un outil ?

Des émotions, il en est de fort belles et ennoblissantes, toutes pétries d'un besoin d'altitude et je gage qu'un univers privé d'émotions serait terriblement "métallique" au sens le plus réfrigérant du terme.

Ne soyons donc pas étonnés si *Manipura*, le plexus de notre corps qui les gouverne en priorité est, par surcroît, celui de la Vue. Voir, c'est avoir la capacité de plonger au cœur de ce qui sent, de ce qui a de la saveur ou de ce qui est palpable mais c'est aussi, paradoxalement, avoir le bonheur de pénétrer l'Invisible, autrement dit l'univers des pré-formes de notre monde comme de nous-même.

Bien sûr, en amont de lui, le simple sens du regard juge aisément, évalue, condamne, épie, convoite, fane, apprécie, se rassasie et jubile au rythme des fluctuations de nos états d'être. Il exprime et satisfait "l'épiderme" de notre personnalité incarnée. À cet égard, il est indispensable et doit se respecter avec ses mille nuances. D'ailleurs ne serait-il pas bon d'apprendre à mieux s'en servir avant que d'espérer voir? Je veux dire sortir de cette sorte d'automatisme qui nous fait poser les yeux sur quelqu'un ou quelque chose en ne faisant que les "survoler".

Soumettons-nous donc régulièrement à la question suivante: «Combien de fois aujourd'hui ai-je regardé autrui avec les yeux grands fermés?» Dans notre for intérieur, si nous sommes honnêtes, nous pourrions être surpris par la réponse qui s'imposera.

Sans doute est-ce là un point à régler compassionnellement avec nous-même parce que si notre "moi-je" aspire à "passer à une autre vitesse", c'est derrière une certaine maîtrise du regard qu'il va pouvoir espérer trouver la Vue.

On pourrait dire que, tandis que, le regard parle des corps et des formes de *ce qui existe*, la Vue se tient dans le Désir sacré d'explorer l'âme et l'architecture intime de *ce qui est*. Ces lignes sont là pour vous assurer qu'il vient toujours une "heure de la conscience" où il faut oser faire le pas, sachant que, malgré le vertige, on ne fera pas marche arrière.

Il existe une petite pratique très simple qui peut aider à accomplir un tel pas. Elle appelle à une vision de la lumière du monde éthérique, celui des pré-formes…

1) L'art de voir sans regarder

Cette pratique demande à ce que vous vous rendiez dans un lieu où la nature est suffisamment présente pour ne pas être polluée par des sources de lumière artificielles. Idéalement cela pourrait être sur un bord de mer, face à la silhouette d'une belle colline ou d'une montagne ou encore à quelque distance d'un bouquet d'arbres matures, le tout se détachant bien dans le ciel, de préférence lorsque le soleil n'y est pas trop vif… et surtout pas devant vous, ni les jours de brume.

Choisissons par exemple la ligne de crête d'une montagne. Ce sera plus facile parce que la roche et la végétation qui recouvre parfois celle-ci sont toujours gorgées d'une puissante énergie montant des profondeurs terrestres.

Tenons-nous debout face à sa masse dont la découpe ressortira aisément sur l'uniformité du ciel. Posons maintenant les yeux sur elle tout en ne la regardant pas vraiment, autrement dit en ne faisant aucune "mise au point" sur elle mais sur "quelque chose" que nous ne pouvons pas voir mais qui se situerait derrière sa découpe. Pour cela, nous nous aiderons au besoin en clignant un peu les yeux.

Si toute crispation est absente de ce pseudo regard, nous nous apercevrons alors rapidement que la silhouette de notre montagne est nimbée d'un beau halo lumineux d'un blanc-gris-bleuté. Contrairement à ce qu'on essaiera peut-être de nous faire croire, ce ne sera pas un effet d'optique mais tout simplement le rayonnement de l'aura éthérique de la masse rocheuse, c'est-à-dire le témoin de la force vitale qui l'imbibe. Nous capterons en fait le "reflet de l'essence" de sa réalité en tant que partie intégrante, active et nourricière de la Terre-Mère.

Quoique ce rayonnement soit un peu partout extrêmement puissant, on conviendra qu'il puisse être en grande partie étouffé localement par le béton et l'asphalte de toutes les grandes villes du monde... Son impact nutritif et régénérateur y sera donc pratiquement nul, à plus forte raison lorsque l'on vit assez haut "perché" dans un immeuble.

Si vous vous sentez appelés par cette pratique soyez d'abord certain qu'il n'y a pas besoin d'être doté de capacités particulières pour accéder à une telle perception des choses. Prenez seulement conscience qu'elle vous invite librement et en douceur à passer du regard classique à une premier stade de la Vue. Soyez ensuite certain que ce n'est pas votre volonté qui devra être sollicitée mais l'abandon de celle-ci dans une attitude de total lâcher-prise. Soyez juste la coupe qui s'offre et attend...

Avec un peu de pratique et le cœur ouvert, c'est une réelle et nouvelle émotion que vous serez amenés à explorer et qui vous fera avancer... Un premier pas vers une forme d'émerveillement et une porte ouverte sur les beautés de la Contemplation.

Beaucoup se disent: «Mais pourquoi n'ai-je jamais vu cela auparavant?» La réponse vient d'elle-même: «C'est parce que je n'y ai jamais prêté attention...» Et c'est là qu'il convient d'ajouter: "Parce que l'attention vient d'abord d'une intention... et que l'intention c'est nourrir la nécessité de découvrir, de comprendre et d'Aimer."

Quant au Vivant, Il n'aspire qu'à Se laisser Voir parce qu'Il est infiniment sensuel et que la Vue, la vraie Vue, celle qui engendre respect et vénération, peut se faire caresse. Elle se nomme alors *Darshan*.

2) La grâce du Darshan

Contrairement aux mots *chakra* et *karma*, désormais passés dans le langage courant, notre Occident n'a pas encore adopté ce terme lui aussi profondément lié à la culture hindouiste. Il y a pourtant urgence car le concept véhiculé par le *Darshan* définit à lui seul la "Vision du Divin" et son approche bouleversante.

Mais qu'est-ce au juste qu'un *Darshan* ? C'est la rencontre concrète, parce que visuelle, avec un Maître de Sagesse ou même un objet réputé "saint" de par sa provenance et son histoire.

Un tel évènement est censé mettre celui qui le vit en relation directe avec une facette du Divin et déclencher en lui une immersion Contemplative. Il sous-entend donc une plongée de la conscience dans un état de grâce, parfois intense, lequel est éventuellement accompagné de diverses manifestations. Par un tel voyage en soi, c'est le Cœur du cœur, qui est atteint, d'où, en toute logique, la réputation thérapeutique et même guérissante d'un véritable *Darshan*.

J'ai personnellement vécu un certain nombre de *Darshans* et je puis dire que leur puissance ne tenait pas à l'attention individuelle que le Maître de Sagesse accordait à ceux qui se tenaient en sa présence mais au Souffle presque palpable de son aura. En fait, l'émotion de nature sublimante déclenchée par sa Vision au sein de ce moment intemporel agissait à chaque fois comme un labourage suivi d'un ensemencement des consciences sans que l'on trouve les mots pour en exprimer la fulgurance.

Chacun n'a évidemment pas la chance de rencontrer ne fût-ce qu'une fois dans sa vie un authentique Maître de Sagesse, un "Traducteur du Sacré". C'est une opportunité que l'on peut rechercher mais à laquelle on n'est cependant pas forcément préparé si elle se concrétise - bien que de tels êtres soient rarissimes - car *se projeter émotivement dans une Émotion sensorielle avant que celle-ci n'émerge d'elle-même est la meilleure façon de ne pas la vivre.* Avec le sens de la Vue, comme d'ailleurs avec tous les autres, c'est l'absence d'attente, donc de "programmation" intérieure qui est le garant de l'intensité du vécu.

Quoi qu'il en soit, il existe un Maître incontesté et absolu dont chacun de nous peut recevoir le *Darshan*... Je parle de cet Espace infini qu'est la Nature. Rien de plus facile que de l'embrasser en nous laissant emporter par le Désir sacré qui lui donne sa plénitude. Sa divinité attend que nous sachions capter les cent mille formes de vie qui y pétillent afin de tout à coup nous dispenser son *Darshan,* sa bénédiction.

Nombre d'écrivains de l'époque du Romantisme ont vraisemblablement éprouvé ce "transport" sans pouvoir y mettre un nom précis pour avoir si bien laissé s'ouvrir leur cœur face à une Nature libre et resplendissante.

Et que dire de certains peintres qui ont passé toute une vie à tenter de saisir la lumière d'un ciel, d'une atmosphère, d'un visage ou d'un corps ? Peu importe à qui ou à quoi ils adhéraient ou n'adhéraient pas intérieurement, il y avait nécessairement un Regard en amont de leur regard qui se faisait l'interprète de l'omniprésence de l'Esprit.

Sans doute pourrait-on employer les mêmes mots aujourd'hui dans le domaine de la photographie d'art, notamment avec certains photographes animaliers qui passent souvent des jours et des jours, immobiles, à attendre l'instant parfait d'un cliché témoignant de la splendeur d'un aspect du Vivant.

Et nous ? Quelle est notre attitude non pas face à Ce qui imprègne visiblement et invisiblement la Nature mais aussi face à un visage ou un corps ? Je ne parle pas nécessairement de la beauté "canonique" de ceux-ci par leur capacité à éveiller aisément notre sensualité car, si le sentiment esthétique a le talent de faire éclore des émotions passagères, troublantes et compréhensibles, c'est en marge de notre approche.

Je veux plutôt appeler à s'attarder au-delà de la perfection des traits et des formes, là où s'est inscrite l'histoire d'une vie, ses douleurs et ses bonheurs, ses pleins et ses déliés. On me dira que l'image est classique. C'est exact...

Ce qui l'est moins cependant, c'est de considérer que la rencontre visuelle avec un regard, un visage ou un corps peut également avoir la valeur d'un *Darshan*. Il nous appartient de rendre cela possible par la perception intime du tracé de l'empreinte de la Source en l'autre.

Cela deviendra réalité en acceptant que cette perception soit une bénédiction qui en attirera une autre en retour. L'eau qui se déverse du ciel ne remonte-t-elle pas vers celui-ci par évaporation ? La Vie n'est qu'échange...

Il y a des regards qui salissent, on le sait, et inversement il y a des façons d'ouvrir les yeux sur autrui qui lui restituent beauté et respect. C'est de cela dont il est question.

Le sens de la Vue est destiné à se sublimer de lui-même pour alors engendrer en nous ce que j'appelle volontiers le "Second Regard". Celui-là n'investigue pas, il épouse.

3) Se trouver en se perdant

Qui ne s'est jamais laissé prendre par la magie de ce Second Regard en se perdant dans les nuages lors d'un moment de détente ou de nostalgie solitaire ? On ne sait alors pas trop ce que l'on contemple mais on le contemple. Les contours des nuages fascinent par leurs incessantes métamorphoses, des visages et des formes s'y dessinent puis bientôt s'effacent, absorbés par les jeux de la lumière...

Il y a sans conteste un état de grâce à reconnaître puis à rejoindre au cœur d'un semblable spectacle. Pour ma part, j'y perçois toujours avec bonheur une véritable cérémonie "païenne" qui unit toutes les fois du monde ; j'y vis la base d'une approche chamanique parce qu'en communion directe avec l'Essence de toute vie.[1]

S'abandonner à une plongée dans l'infini d'un ciel ne relève donc certainement pas du "divertissement" mais au contraire du centrage de notre conscience sur l'un des aspects les plus flagrants de l'omniprésence du Sacré.

Tandis que nous gesticulons si souvent dans notre existence, réalisons-nous que, simultanément, nous sommes sollicités par l'immensité de ce qui nous est offert d'un horizon à l'autre ?

Toutefois… il y a peut-être plus enseignant encore que l'abandon de notre volonté à ce Second Regard. Dans la plus haute Antiquité égyptienne, il existait une pratique faisant partie de la préparation à l'initiation de la "petite mort", laquelle consistait à se laisser enfermer dans un tombeau de pierre durant un certain temps…

Cette pratique commençait par une invitation incontournable à pénétrer le cœur de l'obscurité et à *en extraire la lumière* pour faire de celle-ci une porte de sortie psychique tout en vivant le sentiment de l'Un, c'est-à-dire l'état d'*Advaïta*.

S'il n'est bien sûr absolument pas question de rechercher l'expérience de la "petite mort" pour une multitude de raisons, il est cependant à la portée de chacun de nous de permettre à sa Vue de plonger au sein de l'obscurité totale. Nous n'avons besoin que d'une chose : que cette obscurité soit vraiment absolue, au point d'être une réelle présence dans laquelle nos yeux grands ouverts ne pourront que se perdre…

Cette pratique est extraordinaire par sa simplicité et l'ampleur de ce dont elle fait prendre conscience. En vérité, elle demande à ce qu'on ne fasse strictement rien, qu'on

---

[1] Au sens premier du terme, le mot "païen" définit "ce qui vient des campagnes", autrement dit ce qui voue un culte spontané aux forces de la Nature.

immobilise tout en soi comme au cœur du *Yab-Yum*... Une immobilité qui commence par ne surtout pas user de nos yeux comme pour forcer l'obscurité à s'ouvrir, ce qui serait un contresens puisqu'elle n'est pas fermée.

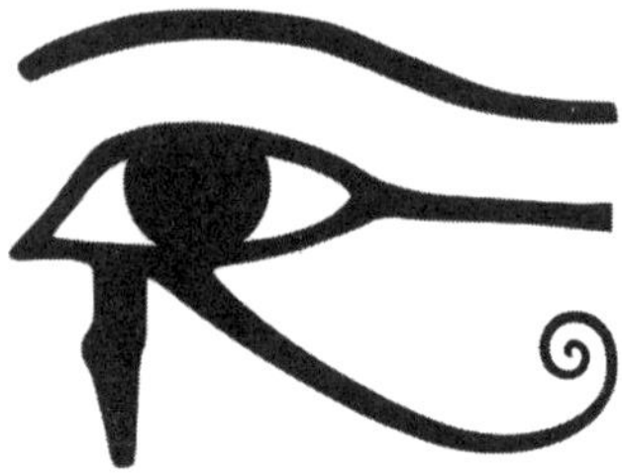

L'œil Oudjat des anciens Égyptiens

Généralement, l'attente n'est pas longue... Elle le sera d'autant moins que nous aurons déjà appris à détendre notre sens de la Vue en captant l'énergie éthérique d'une montagne ou d'un bouquet d'arbres ainsi que conseillé précédemment. Très rapidement, donc, vous percevrez la présence de points lumineux au sein même de la "noirceur", des points comparables à de minuscules cellules vivantes se déplaçant dans toutes les directions. Ils sont ce que j'appelle des *grains de vie*; ils témoignent de cette Lumière infiniment active et "fourmillante" qui dépasse nos notions classiques de lumière et d'obscurité.

Oui... cette Présence que j'aime aussi nommer la *Lumière de la lumière* se cache et agit jusqu'au plus profond de l'obscurité. Elle nous fait comprendre que celle-ci n'en est pas réellement une mais un manteau qui peut nous faire songer à la voûte d'une nuit étoilée.

Alors, pourquoi ne pas s'offrir régulièrement une telle vision qui ne requiert qu'un peu d'Abandon et d'Amour? C'est une splendeur réconfortante pour l'âme, surtout lorsqu'on finit par s'apercevoir que chaque *grain de vie* laisse derrière chacun de ses déplacements le tracé fugace d'un filament argenté évoquant celui d'une étoile filante.

Comprenons maintenant que, par cette pratique, c'est également le ciel de notre être que nous visitons... Nous sommes tous des cosmos à part entière en union constante avec cet incommensurable Cosmos matriciel dont nous sommes sans exception issus... C'est une merveilleuse façon de s'en apercevoir en marge des grands principes métaphysiques que nous sommes capables de formuler.

Lorsqu'on se rend témoin de la danse cosmique des *grains de vie* - parce qu'on a bien la sensation qu'il s'agit d'un ballet - on peut difficilement ne pas penser à celle de *Shiva et Parvathi* de la Tradition hindouiste. Il s'agit en effet de la danse permanente des énergies de la Création, celles du *Prâna* et de l'*Akasha*, celle de l'Inconnaissable qui tisse puis détisse pour retisser encore et ainsi de suite au-delà de tous les concepts d'espace et de temps. Certains y voient la ronde sans fin des atomes de la Matière mais c'est plus subtil que cela parce que cela s'inclut dans un "jeu" multidimensionnel. Chercher *Ce qui Est* derrière la trame de cette danse, c'est faire émerger le Troisième Œil de toutes les Traditions, c'est en allumer la lampe pour peu à peu s'extraire du tissu spatio-temporel de la *Maya*.

Chapitre VII

La tendresse du Toucher

J'aimerais maintenant que nous nous hissions encore d'un échelon sur notre arbre corporel et que nous nous rendions donc au niveau de notre quatrième chakra, cet incontournable *Anahata*, point de convergence de tant et tant de forces…

Disons tout d'abord qu'il s'agit du centre énergétique qui régit en nous le sens du Toucher. Cela peut peut-être surprendre mais ce sens n'est pas des moindres puisqu'il nous met en relation très concrète avec le monde et "l'autre", c'est-à-dire avec tout ce qui, par un effet de boomerang, nous renvoie et nous révèle à nous-même.

Notre rapport tactile avec la Matière s'avère en effet fondamental. En premier lieu il va chercher et renforcer en nous tout ce qui a rapport avec la notion de crédibilité.

Prenons un exemple parlant… La Tradition chrétienne n'affirme-t-elle pas que le disciple Thomas ne peut se contenter de voir de ses propres yeux les plaies de Jeshua mais qu'il a besoin de toucher celles-ci pour enfin "croire" ? Toucher, c'est vérifier et, par là-même, "rendre vrai" pour "se fier à ce vrai".

On doit ensuite convenir de l'aspect affectif que traduit la nécessité quasi instinctive de toucher pour témoigner de notre amitié, de notre attirance ou de notre amour jusqu'à parfois exprimer à l'extrême un élan de possessivité ou de contrôle.

En résumé, toucher c'est participer à l'affirmation d'une existence, c'est aussi s'autoriser à dire que l'on apprécie, que l'on aime ou, du moins ce qu'on s'imagine être de l'amour.

Derrière le sens du Toucher se cachent enfin les idées de respect et d'irrespect, ce qui met en évidence le statut d'inviolabilité inhérent à tout ce qui revêt par nature un caractère intime ou sacré. Ainsi, dans certaines monarchies, il est convenu qu'"on ne touche pas" le souverain, de la même façon que dans un certain nombre de cultures religieuses on ne pose pas la main sur le maître spirituel censé incarner une expression ou un "rayon" de la Source divine.

En fait, le besoin de toucher est tellement inscrit dans l'incarnation que sa spontanéité a toujours suscité des interdits. Quel enfant ne s'est jamais fait dire « On ne touche pas ! » en présence de quelque chose qui l'attire ?

Quant à nous, ce n'est évidemment pas dans la direction d'une curiosité, d'un besoin instructif et encore moins dans l'intention d'une éventuelle flétrissure que nous allons voyager avec les lignes qui suivent mais vers l'apprentissage d'une autre manière d'aimer et de découvrir ainsi un prolongement du Sacré en l'autre et en nous sur une gamme de perceptions encore différente.

Dans la première partie de cet ouvrage, j'ai déjà abordé le rôle de la peau en tant qu'organe majeur dans notre quête d'une réconciliation Corps/Esprit telle que préconisée par la discipline du *Tantra*.[1]

---

[1] Voir chapitre III.

Afin d'affiner cette reconnaissance de la peau dans son possible rôle de maîtresse enseignante par la constante sollicitation qu'elle lance au sens du Toucher, je vous entraînerai maintenant vers deux parties du corps humain dont la signification et le potentiel tactile ont beaucoup à dire : les mains et les pieds… Ce qui ne nous empêchera pas de faire un "détour" par la bouche et le front.

1) La main et le discours de l'âme

"Il a mis un sceau dans la main de tout homme afin que tous puissent connaître Son Œuvre."

Cette phrase qui passe facilement inaperçue dans l'Ancien Testament[1] en dit beaucoup plus qu'on ne le pense au premier abord. Si je m'y suis donc arrêté, c'est parce qu'elle évoque très clairement la trace permanente qu'imprime le Divin en tout être humain. Elle affirme en ce dernier l'existence du souvenir inaltérable - conscient ou non - de la Source. Elle rappelle le leg inaliénable que cette Source a enclos dans notre chair afin d'y résumer notre origine et notre destination.

Ainsi, en posant en toute conscience notre main et la quintessence de ses doigts sur "quelqu'un" ou "quelque chose", nous sommes en mesure, selon notre degré d'Éveil, d'exprimer une reconnaissance de sa noblesse intrinsèque puisque de filiation divine.

En fait, cette phrase sous-entend subtilement que la main et donc le langage de son toucher, de son imposition traduisent une dignité inhérente à son essence, une dignité transmissible.

---

[1] Le Livre de Job XXXVII.7

Ainsi notre démarche va-t-elle nous demander de conscientiser le fait que la paume de notre main et les cinq doigts qui la prolongent sont des portails. Je dirais même de véritables sas qui nous suggèrent de pénétrer - sur un mode renouvelé - toujours plus au-dedans du Mouvement de la Vie en nous et en l'autre.

Pour mieux comprendre ce que cela signifie et se familiariser avec de tels sas, il faut tout d'abord savoir que notre main et ses doigts sont parcourus par un réseau assez complexe de "micro-nadis" qui fusionnent en un "chakra secondaire" situé très précisément au niveau de notre poignet… une zone qui n'est pas sans rappeler en filigrane l'emplacement des clous de la Crucifixion.

Cette fusion et le plexus qui en résulte vont dès lors nourrir un nadi majeur qui remonte le long de notre bras jusqu'au creux de notre épaule avant de redescendre jusqu'à notre chakra cardiaque, dessinant ainsi sur notre poitrine une sorte de bretelle transversale. L'influx transmis par ce nadi donnera alors toute son ampleur à notre sens du Toucher.

La connaissance de cette particularité de l'architecture secrète de notre corps pourrait s'arrêter là mais… ce serait faire fi de l'un des enseignements majeurs que nous a légués la science du *Tantra cachemiri* en mettant en évidence la nature cosmique de la fonction manuelle.

Cette architecture révèle notamment les liens très étroits qui unissent spécifiquement chacun de nos doigts à l'un de nos cinq sens, des liens qui consacrent ainsi notre main en tant qu'extraordinaire outil de synthèse…

Selon cet enseignement, notre pouce serait particulièrement connecté au sens du Toucher lui-même, notre index à celui de la Vue[1], notre majeur à l'Odorat, notre annulaire au Goût et enfin notre auriculaire au sens de l'Ouïe.[2]

Observée sous cet angle, il devient évident que la main humaine, au-delà des subtilités de sa fonction tactile, s'affirme en tant que trait d'union privilégié entre les multiples niveaux de réalité de l'être. Elle se fait instrument d'unification. Tous les sens et leurs discours secrets se retrouvent en elle, d'où, entre autres, l'importance de la caresse dans le savoir "aimer d'Amour", lequel devient alors un baiser de l'âme au corps. D'ailleurs, n'oublions pas que l'acte d'embrasser est une forme de caresse car la main n'est évidemment pas l'unique outil du Toucher.

N'allons toutefois pas trop vite… Avant de nous laisser aller à rencontrer lentement et avec la délicatesse de l'âme le soyeux d'une peau aimée pour en recueillir le Sacré, il est assurément bon de s'y préparer…

Il existe pour cela quelques *mudras* fort simples destinés à réveiller dans notre corps des circuits énergétiques favorisant la quiétude, la reconnaissance et le don. J'en ai privilégié deux, sachant que le Mahavatar himalayen Babaji les a toujours eus à cœur dans son enseignement du *Kriya Yoga* - le yoga de la purification - issu du *Tantra*.

Il s'agit du *mudra de la Terre* et du *mudra de la Bénédiction*. L'un comme l'autre ne nécessitent aucune habileté des doigts ainsi que l'indiquent les illustrations ci-après.

---

1 Ne dit-on pas « Regarde ! » en pointant facilement l'index ?

2 N'a-t-on pas coutume de déclarer sur le ton d'une confidence amusée : « Mon petit doigt m'a dit que… » ? Parallèlement à cela les Grecs évoquaient l'existence d'un micro-nadi partant du cœur et se prolongeant jusqu'à l'annulaire gauche. En Latin, ce lien était appelé "vena amoris", c'est-à-dire la "veine de l'amour", d'où la tradition très répandue de porter un anneau de mariage à ce doigt.

a) Le mudra de la Terre

Il fait se rencontrer le pouce et l'index afin de générer un circuit stimulant en priorité le Toucher et la Vue, lesquels sont les deux sens qui amplifient le plus la réalité de l'incarnation. Rappelons-nous l'exemple archétypal de Thomas : voir et toucher sont indissociables. Les solliciter en orientant la gestuelle du *mudra de la Terre* en direction du sol, ce sera à la fois demander à cette Terre son soutien en tant que matrice de notre chair et sa protection pour la claire vision dont cette chair a infiniment besoin.

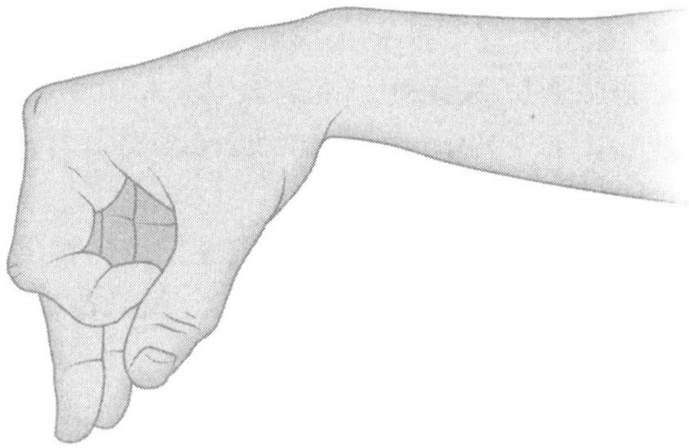

Le mudra de la Terre

La pratique d'un tel *mudra* sera cependant presque inutile si elle est accompagnée d'un mécanisme de nature mentale. Cela est parfaitement logique compte tenu de tout ce qui est suggéré et enseigné dans ces pages. Il me paraît important de le répéter car nos structures cérébrales occidentales sont accoutumées à ce qu'il faille seulement appuyer sur un bouton ou faire glisser un curseur pour obtenir tel ou tel effet.

Il existe une "magie" au sens pur et naturel du mot dans la pratique de tout *mudra*. Nos sens sont appelés à s'affiner indéfiniment et il faut admettre le fait que le rapport que nous entretenons avec eux n'est encore que "grossier" face aux attentes de notre conscience encore embrumée…

b) Le mudra de la Bénédiction

Il est tout aussi simple à réaliser que le précédent. Le majeur vient se positionner sans tension à l'extrémité de l'index. Le pouce et les autres doigts demeurent, quant à eux, librement déployés.

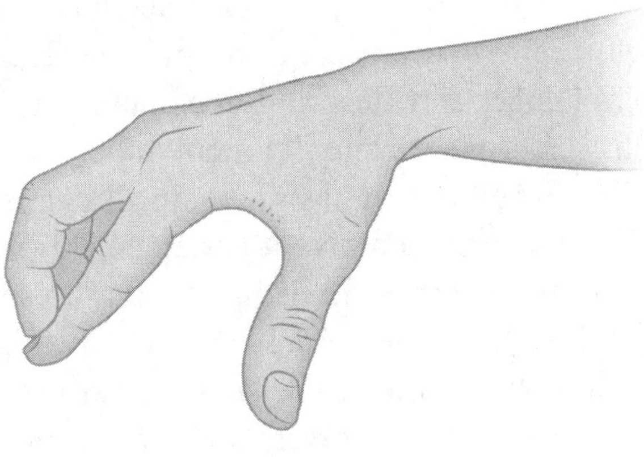

Le mudra de la Bénédiction

Il serait vain d'épiloguer ici sur l'union des sens de la Vue et de l'Odorat suggérée par la rencontre de l'index et du majeur. Avec l'infinité de leurs ramifications, les réseaux de micro-nadis qui sillonnent le corps humain ont leurs secrets auxquels nous sommes encore loin d'avoir accès. Je signalerai donc simplement que la perception de l'aura éthérique d'une main effectuant ce *mudra* en conscience permet de distinguer très nettement un important rayon de lumière bleutée qui se dégage de l'extrémité commune de l'index et du majeur réunis. C'est significatif...

Il est évident qu'un tel rayon dont l'intensité varie nécessairement d'une personne à l'autre est polarisé par la pureté et la puissance de l'intention qui lui donnent naissance.

Toute bénédiction sous-entend le respect, la compréhension et la compassion. Elle ne constitue pas une approbation de tous les aspects de ce sur quoi elle se pose mais une proposition de paix et l'offrande d'un amour englobant destiné au meilleur de ce qui doit advenir. C'est la raison pour laquelle appeler une bénédiction sur celui, celle - ou *ce* - qui sera l'objet de Toucher peut et devrait engendrer l'esprit d'une onction.

Vous remarquerez que j'ai mentionné "*ce*" à la suite de "celui ou celle", ce qui signifie que les êtres humains que nous sommes ne doivent certainement pas être les seuls concernés par notre démarche. La Présence de la Vie palpite et pétille en tout ! Dès lors, un animal - évidemment - mais aussi une plante ou un minéral nous tiennent un discours à travers la main que nous posons sur eux tout autant que nous avons pour mission de leur parler en nous rendant aptes à reconnaître et honorer le Vivant en eux.

Si notre Toucher exprime une bénédiction, il n'en sera que davantage perçu comme tel à partir du moment où, à de nombreuses reprises dans notre vie, nous aurons pris l'habitude d'accomplir le *mudra* qui en porte le nom puisque celui-ci bâtira en nous un état d'être de plus en plus lumineux...

2) Des lèvres au front

Mais, sans plus tarder, revenons sur ces quelques mots sur lesquels je m'étais arrêté précédemment : "L'acte d'embrasser est une forme de caresse car la main n'est évidemment pas l'unique instrument du Toucher". En effet, poser nos lèvres sur l'autre et, plus encore, les poser *délicatement* sur les siennes, c'est assurément en ressentir le Souffle, c'est en capter la subtilité à fleur de peau.

Il y aurait là bien des choses à dire et à faire comprendre qui dépassent le cadre de cet ouvrage parce que la banalisation de certains gestes qui conduisent à une sorte de "fast food" de la sensualité n'engendre aucun bonheur, aucun étanchement de cette vraie soif d'Aimer qui habite tout un chacun dans les replis de ses profondeurs.

Entre embrasser et embraser, il n'y a que la différence d'un "S" dont il nous appartient de savoir ce que nous voulons en faire. Il y a Feu et feu... Celui qui libère en calcinant pour sublimer et celui qui enchaîne pour ensuite dévorer.

Alors oui, le baiser peut devenir un Toucher de sublimation, c'est-à-dire une caresse d'âme si on le décide tel. Par lui, si on sait le donner et le recevoir, il nous appartient de quitter ou non la répétitivité du simple désir basique pour nous rapprocher du Désir au sens divin du terme.

Rappelons-nous les quelques mots de l'*Évangile gnostique de Philippe* qui mentionnent l'Enseignant - en l'occurrence le Christ - embrassant souvent Myriam de Magdala sur la bouche. Ils suggèrent une transmission du Souffle qui va bien au-delà de l'acte charnel tout en prenant appui sur lui. Plus qu'une onction faisant suite à une reconnaissance de parenté, il s'agit d'un Toucher à portée thérapeutique, d'un don dont la quintessence est puisée à la Source universelle.

Vécu dans le respect et la noblesse d'un plein Amour et en silence, cet acte qui traduit avant tout une posture de la conscience n'est certainement pas sans faire penser au rituel du *Yab-Yum* puisque celui-ci se vit dans le "mouvement" silencieux des énergies masculine et féminine au sein de l'immobilité totale des corps. Rien ne bouge, mais tout s'accomplit…

Dirigeons maintenant notre regard intérieur vers le front… Lui aussi est une zone où le Toucher peut prendre toute son importance. Poser notre front sur celui d'un autre être humain ou sur celui d'un animal… Chacun conviendra que ce n'est pas tout à fait anodin, en dehors même de toute préoccupation de nature spirituelle…

Deux fronts qui se cherchent, qui se rencontrent et qui savent s'immobiliser dans une complicité non feinte font inévitablement éclore un instant de grâce.

Les âmes entrent alors en une contemplation mutuelle. «Qui es-tu, toi, et qui dis-tu que je suis?» C'est toujours l'éternel questionnement qui fait surface et c'est également toujours la même réponse qui se faufile en nous dès qu'on écoute le silence. «Tu es mon miroir, un autre moi-même qui murmure avec insistance: "Reconnais-moi"…»

Humilité et bénédiction. Tout invite à cela dans ce geste qui se fait de plus en plus rare à la surface de notre monde. Deux fronts qui se touchent racontent une histoire peut-être plus intime encore que celle d'un morceau de pain partagé.

C'est évidemment facile avec un animal familier. Pas de barrière, pas de résistance ni de jugement. Alors pourquoi ne l'est-ce pas tout autant avec un être humain? Parce que cela demande plus de vérité qu'une poignée de main, même sincère. Une sorte de nudité. En vérité, les chakras frontaux sont sollicités en ce sens. Ils irradient fortement et spontanément à travers les rides de deux fronts qui s'acceptent pour laisser deviner la carte des chemins parcourus.

Et que dire de cet élan trop rare qui peut nous pousser à poser notre front sur le tronc d'un arbre ou sur le sol d'une contrée qui a toujours attiré notre cœur ?

Une foule d'images et de sentiments peuvent surgir, véritable base d'une réelle méditation contemplative... un peu comme les pièces d'un puzzle que nous ne savons comment agencer mais que nous accueillons "comme cela", pressentant qu'elles sont semblables à des poussières d'étoiles qui, un jour, sortiront notre Or intérieur de son sommeil.

Nous sommes des êtres éclatés qui se sont fragmentés, éparpillés au fil des Âges et des vies et qui éprouvent d'indicible besoin de se reconstituer corps et âme pour une ultime extase devant leur Esprit.

3) La reconnaissance des pieds

Qu'en est-il de nos pieds, maintenant ? Nous allons voir cela en fonction de la façon dont ceux-ci sont touchés et dans les cas où ce sont eux qui touchent, qui établissent un contact avec la densité du concret...

On ne peut le nier, dès que l'on se penche vers eux, on s'aperçoit qu'ils sont abordés de deux façons contradictoires par la tragi-comédie de la dualité que nous ne cessons d'interpréter jusqu'à présent.

En effet, soit nous les voyons comme l'une des parties les plus humbles de notre corps, celle qui se souille aisément et qui traduit ce qui, en nous, est négligeable, soit nous en faisons la zone-témoin de la beauté de l'incarnation, autrement dit la "prise de terre" noble de l'Esprit qui enfile un vêtement de chair en vue d'une rédemption de l'être tout entier.

Pour réconcilier ces deux aspects des pieds et de leur plante, il existe dans le Judaïsme un rituel ancestral. Il a pour nom grec *podonipsie* ; c'est celui du lavement des pieds qui était pratiqué environ six mois avant un mariage afin d'annoncer celui-ci.

Si cette cérémonie a ensuite été adoptée par toute la Chrétienté dans un contexte plus large, son côté éminemment sacré et le toucher qui le caractérise expriment le fait d'honorer celui qui en fait l'objet en le nettoyant d'un bagage supposé pesant ou souffrant. Il est dès lors question de lui offrir une aide venant du Cœur afin d'alléger sa marche et de lui proposer une métamorphose, c'est-à-dire une "ré-initialisation" de son rapport à la vie.[1]

Tout cela met l'accent sur l'importance des pieds puisqu'ils sont la partie de notre corps qui, dans son état naturel, se couvre le plus de poussière, qui est parfois susceptible de cheminer parmi les détritus et qu'ils *peuvent* et *doivent* donc jouer le rôle d'un propulseur de conscience. Encore une fois, si le Haut est réputé interpeller le Bas, la réciproque se constate parfaitement.

Mais l'intérêt et l'importance du Toucher en conscience des pieds ne se limite certes pas à cela. De la même manière que les doigts de la main entretiennent des relations privilégiées avec certaines zones du corps, chaque doigt de pied est spécifiquement associé à une fonction corporelle ou une aptitude...

Le gros orteil se voit ainsi concerné par l'affirmation de la personnalité, le deuxième est en rapport avec le système digestif et le troisième avec le potentiel de créativité. Quant au quatrième, il nous renvoie à la fonction hépatique cependant que le cinquième est en relation avec les mémoires ancestrales, les peurs et, de ce fait, avec l'élimination des liquides. Ces données ne constituent évidemment qu'un très modeste abrégé des savoirs dans ce domaine car le champ d'investigation est vaste.

---

[1] De là le symbole de la "rémission des péchés" - selon la formulation de l'Église - immortalisée par le célèbre geste du Christ envers ses disciples.

Parallèlement à ces notions, on ne saurait bien sûr ignorer la Tradition bouddhiste puisqu'on ne compte pas les représentations des plantes de pieds du Bouddha Gautama, la plupart du temps chargées d'un grand nombre de symboles allant des carrés aux roues en passant par des entrelacs ou des fleurs.

Enfin, si on considère l'Hindouisme, on remarque que les pieds d'un missionné divin avéré sont extrêmement vénérés en tant que points de rencontre du Céleste et du Terrestre. Aujourd'hui encore, les pieds d'un guide spirituel font l'objet de lavements rituels et d'ornementations à l'aide de fleurs. Quant aux plantes de ses pieds, elles sont plus particulièrement sacrées puisqu'en célébrant le mariage constant de la Terre et du Ciel, elles expriment l'ensemencement divin offert à notre monde.

Face à l'énumération rapide et non exhaustive de ces données qui suggèrent inévitablement le rôle très précis joué par certaines zones du pied, je peux sans doute donner l'impression d'orienter mon discours consacré au Toucher vers cette discipline qu'on appelle la réflexologie plantaire ou vers d'autres qui lui sont connexes. Telle n'est cependant pas mon intention.

Tout comme dans le cas des mains ou encore de toute autre partie du corps, mon état d'esprit demeure celui de la contemplation puisque celle-ci équivaut à la prière naturelle de l'émerveillement. La Contemplation dont je parle est une bâtisseuse de ponts entre le cosmos que représente le corps humain et celui de notre Univers.

On ne le répétera jamais trop, la sensualité qui se dégage d'un pied lorsqu'on sait prendre celui-ci entre nos mains peut aisément mener à une tendresse qui se fait spontanément prière. Pas besoin de massages thérapeutiques pour cela et donc de connaissances spécifiques à moins, bien sûr, de certaines pathologies à traiter avec précision. Avec notre démarche, c'est une fois encore dans l'immobilité ou la quasi immobilité que tout peut s'accomplir. Il suffit qu'une main soutienne et épouse la plante d'un pied tout en englobant son talon tandis que l'autre repose sur son dessus pour nous faire entrer dans un espace intérieur où l'Amour s'invite tout seul pour aussitôt se partager.

Ne pensez pas que ce soit l'orientation de notre imagination qui procure la sensation de déverrouiller l'accès à un tel espace. Pour toutes les raisons que j'ai citées et bien d'autres encore, notre pied est un "livre à terre ouverte" pour celui qui a le cœur à en décoder l'alphabet. Il se feuillette avec candeur entre les sensations et les certitudes qu'il ne manque pas de susciter. Pas d'analyse basée sur un savoir, pas de jugement... Juste de l'accueil... Pas même un "désir" de compassion puisque celle-ci émerge seule.

En Touchant ainsi le pied de "l'autre", nous touchons aussitôt son cœur et, en dilatant le nôtre, nous le lui offrons. *Anahata* est d'emblée le maître d'œuvre de ce qui se fera alors Révélation de part et d'autre.

Enfin, souvenons-nous... À plusieurs reprises dans cet ouvrage le rôle de Mercure a été cité en tant que Messager divin ou Ambassadeur du Sacré. Mais le Mercure des Romains - qui portait le nom d'Hermès dans la culture grecque - avait une spécificité : il avait les talons ailés afin de mieux voyager entre le Haut et le Bas et vice-versa. Voilà une belle façon de souligner que, dans le Toucher du pied tel que je vous invite à le pratiquer, le talon - avec sans doute ses rugosités - pourrait vous demander une attention particulière...

Il est notre point d'appui et, s'il se montre moins "tendre" que notre voûte plantaire, c'est peut-être simplement parce que, sous le poids parfois douloureux de notre vie, il a souvent été en manque d'Amour. Alors... aimons-le pour ce qu'il est et faisons en sorte que "le nôtre" tout comme "celui" des êtres qui sont sur notre chemin ne finissent pas par ressembler au point faible d'un certain *Achille*…

Chapitre VIII

Le Chant du Silence

On se souvient peut-être des mots par lesquels j'ai entamé le premier chapitre de cet ouvrage. Ils évoquaient cette fameuse citation de Molière dans laquelle un personnage s'interrogeait sur un éventuel accouchement des enfants par l'oreille… Une question évidemment dénuée de bon sens mais qui, étonnamment, m'a toutefois invité à prendre un peu d'altitude en jouant avec les mots afin de les faire parler autrement…

Car, si nous ne naissons assurément pas par l'oreille, il serait bien possible que nous nous incarnions en premier lieu par le sens de l'Ouïe.

En effet, il semble aujourd'hui acquis que l'oreille interne d'un fœtus soit le premier de ses cinq sens à se développer. Si le nouveau-né vient au monde avec les paupières fermées et que sa vue ne se clarifie ensuite que progressivement, si son odorat parvient à identifier sa mère au bout de quelques petites journées, son ouïe se révélait par contre déjà capable de percevoir des sons alors qu'il n'était encore qu'un fœtus au cinquième mois de sa gestation.

Voilà qui en dit long sur l'extrême importance de la qualité de l'ambiance sonore qui devrait logiquement prévaloir dans l'entourage d'une femme enceinte. Il est d'ailleurs établi que bien des stress et des désordres qui accompagnent parfois un être humain toute sa vie trouvent là leur point de départ.

Le Son et son capteur, le sens de l'Ouïe, nous ramènent assurément à l'origine de toute vie vers ce que les Traditions appellent le Verbe Créateur, cette Vibration première qui se confond avec le Souffle de la Source.

Ce Verbe, ne l'oublions pas, c'est ce qu'on nomme aussi en Grec le *Logos*, c'est-à-dire la Parole, la Sagesse et l'Intelligence à leur état le plus pur. C'est aussi la Lumière d'entre les lumières dont il est question dans les textes araméens de la Bible hébraïque. On ne sera donc pas surpris d'apprendre enfin que certains passages du Coran font également du sens de l'Ouïe le premier de tous les révélateurs du Divin.

Ainsi, lorsqu'on déclare "être tout ouïe" peut-être cela fait-il référence, dans nos profondeurs, à autre chose qu'à de simples ondes sonores faisant vibrer notre air ambiant sur certaines fréquences…

Inséparables, le Son et l'Ouïe attestent de la Vie tout comme le font analogiquement Shiva et Parvathi - sa *Shakti* - dans leurs échanges et prolongements mutuels[1]. C'est pourquoi je m'attacherai ici à mettre en évidence leur sacralité négligée ou oubliée dans notre quotidien. Il existe une vérité fondamentale à retrouver derrière l'unité principielle de chaque son émis et capté. Ainsi donc, notre Oreille est-elle indissociable de *Vishudda*, notre chakra laryngé.

"Vishudda"

[1] Il est intéressant de noter que le dieu éléphant Ganesh, fils de Shiva et Parvathi, est traditionnellement appelé "le dieu aux grandes oreilles".

1) De la voix de lait à la Musique des Sphères

S'il y a deux millénaires les Esséniens étaient réputés pour leur *voix de lait*, ce n'était pas seulement à cause de la douceur avec laquelle ils s'exprimaient en Araméen. C'est aussi en raison de leur attachement particulier à cette Présence céleste portant le nom d'*Élohim* qu'ils affirmaient être issue de la *Voie lactée*, notre galaxie.

C'est dire que les Esséniens connaissaient certains secrets liés au Son et à l'impact de celui-ci sur l'être humain mais aussi sur les règnes animal, végétal et même minéral. Ce sont des "choses" sur lesquelles aujourd'hui on préfère ne pas trop s'attarder ou que l'on choisit d'oublier sous prétexte d'une liberté toujours plus grande dans l'expression sonore…

Qui se préoccupe de savoir si telle "musique" ou tel "assemblage de sons" structure ou déstructure ? À partir de l'instant où nous invitons systématiquement la dissonance et la cassure au creux de nos écouteurs quotidiens comme une forme de libération, c'est plutôt à une auto-incarcération que nous travaillons à notre insu. C'est à une déstructuration, à une fragmentation de notre conscience puis de nos cellules que nous participons.

On pourra me rétorquer que la notion de dissonance est toute relative, subjective et donc "affaire de goût". Jusqu'à un certain point sans doute mais… Qu'on en convienne ou pas, il existe une harmonie naturelle à tous les niveaux de la Création, une harmonie mathématique, architecturale et infiniment constructive qui dépasse notre entendement. On peut se rebeller contre elle pour "casser des schémas" selon l'expression consacrée. C'est vrai et c'est sans doute parfois nécessaire pour écrire "quelque chose de nouveau" sous les cieux de ce monde. Cependant… qu'est-ce qu'écrire si on se pense au-delà même du Principe de l'Écriture, au-delà du Compositeur ?

L'Amour à l'état natif ne fait jamais hurler les cellules, il les fait exulter...

Cela m'amène inévitablement à vous parler de la *Musique des Sphères*, une théorie fascinante qui a été largement diffusée et explorée par les philosophes pythagoriciens.

Elle part du principe que les distances qui séparent les planètes et en général les corps stellaires sont comparables à des intervalles musicaux et que chaque sphère céleste émet donc un son qui, en se joignant aux autres, participe à l'émission d'une Musique permanente dans laquelle baigne le Cosmos.[1]

Il s'agit d'une théorie très complexe dans ses développements et sur laquelle on peut longuement épiloguer mais une théorie qui, pour un esprit contemplatif et mystique, peut se muer en une connaissance initiatique. J'y reviendrai un peu plus loin.

Pour l'heure, laissons encore la Nature nous émerveiller... Nous sommes aujourd'hui nombreux à avoir vu cette expérience qui consiste à jeter quelques poignées de graines éparses sur un plateau métallique puis à faire vibrer ce plateau comme s'il était un gong... Et nous avons ainsi pu constater, presque immédiatement, la multitude des motifs géométriques extraordinairement harmonieux que les vibrations du métal imprimaient parmi les graines.

Un tel spectacle dispense de tout discours sur la cohérence de la Beauté qu'une onde sonore peut naturellement engendrer. Ce n'est pas nous, les humains conditionnés par les modes, qui sommes intervenus dans une telle harmonie, mais la structure intime de la Matière elle-même qui l'a conçue.

---

[1] Souvenons-nous que le mot "musique" provient des Muses, ces semi-divinités chargées d'accompagner le dieu Apollon, maître des Arts, du Chant et de la Lumière, dans son incessante course solaire autour du monde.

Devant l'évidence d'un tel Ordre sacré, il n'y a plus qu'à se taire, tout mental éteint, pour enfin essayer d'entendre.

Quand saurons-nous réaliser qu'il y a le même fossé à franchir entre écouter et entendre ou regarder et voir qu'entre savoir et connaître ?

Lorsqu'on explore ainsi du dedans le Sens de l'Ouïe et par conséquent la nature même du Son en convenant d'évidence que Celui-ci est le premier support de toute la Création, on est bien vite amené à se tourner une fois de plus vers l'Orient. Là encore, l'ancienneté et la profondeur abyssale des connaissances que ses contrées souvent himalayennes ont léguées à notre humanité sont fascinantes. Je ne parle pas de l'Hindouisme ni du Brahmanisme mais de "ce" qui les a précédés : le *Védisme*.

Les sages qui ont révélé celui-ci - les *Rishis* - sont réputés avoir capté son essence sous forme de Révélation par l'écoute directe de la *Shruti*.[1] Qu'est-ce que la *Shruti* ? C'est le Chant du Cosmos, la symphonie des corps célestes d'où proviennent tous les Enseignements universels.

Quelle différence avec la Musique des Sphères chère aux Pythagoriciens ? À vrai dire, je ne pense pas qu'il y en ait une, à moins peut-être qu'on veuille ergoter sur tel ou tel détail à la manière d'un érudit équipé d'une batterie de "oui mais"...

La *Shruti*, c'est le vecteur de la Connaissance à l'état pur, telle que révélée par l'Oreille. Comment dès lors imaginer de plus belle émotion que celle qui fait s'expanser à n'en plus finir un tel Sens ?

Tout ceci, convenons-en, nous fait rêver d'un état d'être que nous sommes encore très loin d'atteindre puisqu'il est

---

[1] Shruti est un terme sanskrit qui signifie "Ce qui a été entendu depuis le Début". Voir "Le livre secret de Jeshua" - tome I, chapitre XXI - du même auteur aux Éd. Le Passe-Monde.

l'apanage de quelque rares très grands mystiques. On ne se décide d'ailleurs pas à "être mystique" pour coller à un idéal, lequel est de plus considéré comme suspect à notre époque. On l'est par nature ou on ne l'est pas, sachant d'autre part que ce n'est pas l'état le plus facile à vivre.

2) Lorsque le Son se fait vacarme

Pour l'heure et là où en est notre monde il ne s'agit de toute façon pas de "rêver à" ou de "s'imaginer en marche vers..." mais de construire, ce qui veut d'abord dire se construire ou plutôt se reconstituer au plus proche du plan que notre atome-germe préserve de nous.

Nous l'avons vu, chacun de nos sens peut grandement y contribuer tant les uns et les autres nous renvoient aisément du dense au subtil et inversement. S'il est toutefois un barreau de leur échelle dont l'atteinte est la moins palpable c'est celui vers lequel nous levons ici la tête ; le cinquième. Il est en effet à la fois le plus présent et le plus volatile...

Considérons la situation... Avec la technologie actuelle, jamais notre monde n'a été davantage peuplé - voire envahi - de sons plus encore que d'images. On ne compte pas ceux d'entre nous qui parcourent les rues réfugiés ou barricadés dans leur propre univers sonore entre deux écouteurs...

Loin de moi l'idée de les blâmer, ni d'entamer la moindre analyse sociologique ou psychologique même s'il y a matière à cela. Nos sociétés sont devenues assez impitoyables ; on les fuit ou on s'y fuit comme on peut.

Mon intention est uniquement de tendre quelques clefs à celles et ceux qui s'interrogent sur ce dont est faite leur propre vie afin de rétrécir cet espace qui n'a cessé de se creuser entre écouter et entendre. Je suis en effet persuadé que l'indigestion sonore dont beaucoup d'entre nous souffrent sans le savoir constitue un frein majeur au besoin de pacification que notre être profond réclame.

Cette notion de pacification est hélas devenue un concept facilement fourre-tout car chacun ne le place pas nécessairement "au même endroit". Voilà pourquoi je parlerai ici plus volontiers de santé et donc de démarche thérapeutique puisqu'il n'est plus à prouver que l'univers des sons, de leur nature, ainsi que la façon dont on les reçoit influence grandement l'équilibre d'un organisme.

Civilisation après civilisation jusqu'à il y a peu de temps encore, au-delà des styles et des peuples, la musique était conçue comme devant purifier l'âme, la maintenir en santé en travaillant à l'équilibre physique et psychique de l'être. Elle participait à une harmonie naturelle, à l'inverse du bruit réputé générer un inconfort.

Mais à partir du moment où, pour de plus en plus de nos contemporains, l'âme n'est plus qu'un vague concept que l'on relègue à l'arrière-plan de toute préoccupation et que le principe de déconstruction ou de déstructuration est quasiment devenu une mode ou un modèle de vie où tout doit s'inverser, pourquoi se soucier d'harmonie ?

Le vacarme devient alors vite un aliment que l'on recherche car on sait bien qu'il nous empêche de percevoir ce qu'on ne veut pas entendre. Tout ce qui véhicule la détente devient un ennui et le silence un poison.

Et que ne veut-on pas entendre ? Ce que l'on sent confusément être le Chant du Verbe qui ondoie dans le silence de notre conscience et qui nous rappelle notre origine… Même si on ignore ce qu'est le Verbe !

Notre origine nous ferait-elle donc peur à ce point ? Je ne pense pas que ce soit elle qui nous effraie mais nos errances, la profondeur tortueuse des sillons parmi lesquels nous nous sommes égarés afin de tester l'ampleur de notre liberté tels des adolescents arrogants et provocateurs.

Ainsi, la dysharmonie, l'anarchie des sons annonce-t-elle toujours la fin d'une société, d'un monde. Elle est en quelque sorte une forme de suicide dont tout paraît dire qu'il faille peut-être en passer par son goulot d'étranglement pour une "mise à plat" de tout et la réécriture, sur une autre portée musicale, de l'expression du Vivant.

Y a-t-il un remède à une semblable situation et qui nous éviterait de passer par une réinitialisation forcée? Effectivement, il en existe un… mais celui-ci ne peut qu'être individuel.

Si tous les chakras, *Ida* et *Pingala*, *Sushumna*, la multitude des nadis, les prolongements sensoriels et sensuels de l'architecture subtile de l'humain sont sollicités dans une telle démarche d'ajustement ou de re-synthonisation avec le Corps du Divin, il est certain que le Son et sa "parèdre", l'Ouïe, y occupent une première place.

Là non plus, nul besoin d'être rompu avec l'art de la méditation pour goûter à une Médecine de l'âme susceptible de nous faire découvrir la Symphonie originelle, le Chant du Silence. Voici donc…

3) La voie du Nada

Cette voie est considérée par l'Hindouisme et le Bouddhisme comme un yoga au sens premier du terme, c'est-à-dire en tant que méthode destinée à l'Union. Elle est par conséquent très liée à la discipline du *Tantra*.

Le travail qu'elle demande au sens de l'Ouïe par l'intermédiaire du chakra laryngé est si puissant qu'il a des répercussions rapides et évidentes sur *Anahata* et la structure vibratoire de tous les corps qui constituent l'humain.

Ainsi qu'on peut s'en douter, la voie du *Nada* sera plus facile à emprunter dans un contexte où la Nature domine.

Toutefois, un milieu citadin n'empêchera pas de se tourner également vers elle et d'en ressentir les bienfaits. Il y a toujours des chants d'oiseaux à capter quelque part, sinon le souffle du vent, la rythmique des gouttes de pluie qui tombent ou les grondements du tonnerre…

a) La base de la méthode

Commençons par nous asseoir, de préférence seul, en position du lotus ou du disciple et, au besoin, le tronc appuyé sur un tronc d'arbre ou un mur si nous n'avons pas d'autre choix que de demeurer chez nous.

Recherchons bien sûr la détente, pratiquons quelques longs inspirs-expirs puis sélectionnons un son parmi tous ceux qui nous parviennent… Le bruissement du vent dans les feuilles des arbres, les clapotis d'une rivière, le ressac des vagues sur une grève, la mélodie globale des chants d'oiseaux ou les roucoulements d'un pigeon si nous sommes en ville…

Le but est d'isoler un type de son et de se concentrer doucement sur lui, de l'extraire des autres et de l'inviter en nous afin qu'il "se dise" et nous enseigne sa vie. Bien sûr, lorsqu'un type de son nous aura imbibé de sa présence, rien ne nous empêchera d'en accueillir un autre et de le laisser s'exprimer, lui aussi, jusqu'à perception intuitive de son discours ou tout au moins de l'émotion qu'il peut distiller en nous.

Nous l'avons déjà constaté et éprouvé, tout parle, tout se raconte à travers tous les degrés de sa manifestation parce que tout appartient au grand orchestre du Vivant.

Cette pratique peut aussi se montrer très riche d'enseignements si, en s'offrant l'écoute d'une œuvre musicale, on choisit d'en extraire intérieurement la partition d'un instrument qui nous touche plus qu'un autre et de l'intégrer en nous. Que peut nous raconter tel violon, telle trompette ou tel piano ? Quelle corde de notre lyre cardiaque vient-il faire vibrer ?

En nous identifiant à un son particulier l'intention est que, peu à peu, nous nous assimilions à la Présence créatrice universelle qui éprouve, vit et s'expanse à travers chaque élément de Sa Création, le plus infime soit-il. Un extraordinaire état de compassion et d'Union avec le Tout nous attend alors et annonce la promesse de l'*Advaïta*.

En réalité, cette pratique qui s'appuie sur un maniement particulier du sens de l'Ouïe peut être mise en parallèle avec la traditionnelle méthode de méditation qui propose, dans un premier temps, de sélectionner un objet parmi d'autres, de le visualiser derrière nos paupières fermées, d'en ressentir toutes les caractéristiques puis, dans un second temps, de magnifier celles-ci, de les porter à leur idéal et enfin, dans une troisième phase, de s'assimiler à l'objet de notre méditation pour ne plus faire qu'Un avec lui…

Tout ceci nous entraîne vers la compréhension que chaque forme de vie est unique, qu'à ce titre elle fait l'objet d'une attention particulière de l'Oreille divine mais que ce privilège la propulse simultanément au cœur de l'Harmonie des Sphères qu'elle contribue ainsi à dilater.

b) Le Chant du Silence

Passons maintenant à la seconde phase préconisée par la Voie du *Nada*. Bien que sa pratique puisse être envisagée sans la maîtrise ou tout au moins la mise en œuvre régulière de la précédente, il est certain qu'elle portera dès lors moins de "fruits" que ce qu'elle est sensée pouvoir offrir. La patience, la discipline et la volonté sont trois sœurs que l'on ne saurait ignorer dans ce domaine comme dans tant d'autres…

La suite de notre démarche va nous demander de passer de la perception initiatique d'un son extérieur à l'écoute de nos sons intérieurs. Si celle de la circulation de notre sang peut s'avérer très difficile, il n'en est pas de même de celle de l'air par le biais de notre respiration. Nous pouvons en effet contrôler le débit de l'air que nous respirons ou encore le trajet que nous faisons suivre à celui-ci à travers nos fosses nasales, selon la courbure de notre palais et le contrôle de notre arrière-gorge.

Le but de la pratique n'est pourtant pas "d'explorer pour explorer" l'effet sonore intérieur que produisent chacun de ces circuits. Ce qui est recherché, c'est la prise de conscience très intime et difficilement exprimable des vibrations créées par le mouvement de va et vient de l'air dans notre organisme… et surtout par l'ondulation du Souffle de Vie au sein-même de cet air.

On comprendra aisément qu'il faut être seul dans un lieu silencieux pour mener à bien une "investigation" de cette nature. Une certaine obscurité ne pourra également que faciliter les choses car, hormis notre oreille interne, toutes les portes de notre être devront être closes. Il convient donc que nous nous fermions à tout pour nous ouvrir à *Ce qui Est* dans la plus totale intimité de notre sanctum.

Lorsque toutes ces conditions ont été réunies et que nous sommes parvenus à nous entourer d'un halo d'harmonie, nous allons enfin nous mettre "à l'écoute de notre Ouïe", aussi étrange que puisse paraître cette expression…

Le plus simple est sans doute de commencer par placer nos mains sur nos oreilles en évitant la moindre pression comme pour former une sorte de casque d'audition naturel. Celui-ci nous renvoie aussitôt un léger bourdonnement sourd qui fait songer à la rumeur lointaine d'une mer telle qu'il nous est déjà arrivé de la percevoir par jeu en appliquant un gros et profond coquillage, une conque, sur l'une de nos oreilles.

Il s'agit là du bruissement global de toutes les formes d'énergie en circulation permanente dans notre corps. Celles-ci sont collectées par notre boîte crânienne qui les synthétise. Mais ce n'est pas ce bourdonnement tout en douceur qui nous intéresse en premier lieu…

Éloignons maintenant lentement nos mains de nos oreilles et laissons notre sens de l'Ouïe écarter le "rideau" de cette rumeur marine pour percevoir un signe de vie beaucoup plus subtil : un sifflement très aigu.

Celui-ci peut rapidement prendre toute la place si nous n'en avons pas peur, si nous lui faisons confiance. Je dis bien "si nous n'en avons pas peur" car, pour certains d'entre nous face au lâcher-prise demandé, il peut donner l'impression d'une invasion, voire d'une aspiration de l'être vers des profondeurs insoupçonnées et peu confortables.

En fait, c'est le *chant du prâna* en nous qui s'exprime. L'intensité de son sifflement qu'on peut maladroitement qualifier d'"électrique" traduit la vitesse de sa ronde parmi les multiples niveaux de réalité de notre organisme.

C'est l'instant où il ne faut pas se contenter d'être le simple "auditeur d'un phénomène sonore" mais le participant privilégié du Grand Jeu de la Vie à travers nous. Comment faire ? En nous rendant sans réserve au cœur-même de notre Ouïe, en nous laissant submerger par le sentiment amoureux du Sacré puis par l'Amour absolu de la Source…

Sommes-nous capables d'un tel Amour? Invitons-le… Il se présente puis s'adopte dans l'humilité et la reconnaissance. Tôt ou tard, Il s'offre…

Au sein-même du sifflement prânique finit par émerger ce que j'appellerai un ultra-son, faute de trouver un terme plus adéquat. Cet ultra-son qui prendra alors toute la place au point d'absorber le masque de notre personnalité incarnée n'est autre que *"le Chant du Silence"*.

Mais qu'est-ce au juste que ce "mythique" *Chant du Silence*? C'est la vibration ondoyante du Courant divin le long du canal de notre *Sushumna* qui tente de se dilater pour envoyer un signal à la Chambre nuptiale de notre être.

C'est l'annonce d'une Aube possible. Au-delà de notre âme, c'est notre esprit qui nous dit son Désir et nous interpelle…

Ganesh aux grandes oreilles

3ème partie
La Spiritualité

Chapitre IX

De la Lettre à l'Esprit

Tout au long de cet ouvrage de réconciliation, je n'ai pas cessé de vous parler de "la Source", du Divin, voire de l'Inconnaissable. J'ai choisi ces termes pour éviter de me référer sans cesse à la traditionnelle notion de "Dieu" et ne pas tomber ainsi dans le piège de tout ce qu'on peut y mettre.

Certes, il est bien difficile d'emprunter un chemin de spiritualité sans tôt ou tard évoquer son nom. Pour le contourner le plus possible, on a alors recours à des périphrases, à des analogies mais il reste que le mot "Dieu" est bien là et qu'il y a incontestablement urgence à ce qu'on le sorte des brumes d'un grand flou.

Qu'est-ce qui se cache derrière le nom de Dieu ? Une Super-Entité "supra tout ce qui est imaginable", qui a besoin qu'on L'adore, qui est dotée de réactions humaines et qui fonctionne forcément sur la base d'une morale dualiste ?

Pour notre Occident essentiellement judéo-chrétien, c'est souvent cela, oui…

En résumé, ce serait "Quelqu'un dans les Cieux" qui tranche entre le Bien et le Mal puis qui récompense ou punit.

Je ne caricature même pas ! En tout cas pas pour le commun des mortels qui veut bien croire en Son existence sans trop se poser de questions.

En découvrant la représentation de Dieu et donc du Créateur telle que peinte au plafond de la Chapelle Sixtine, le pape Jules II aurait demandé en substance à Michel-Ange : « Alors, c'est ainsi que vous voyez Dieu ? » Ce à quoi Michel-Ange lui aurait répondu que oui, que c'était ainsi... sans admettre la moindre critique, selon son habitude.

Autrefois réservé à l'élite de la société vaticane et à quelques privilégiés, ce chef-d'œuvre de la Renaissance italienne - que tout le monde connaît dorénavant - a sans doute participé à faire de gros dégâts dans les consciences en figeant "Dieu" sous les traits d'un vieillard barbu perché dans les nuages, autrement dit en en faisant "quelqu'un" au visage et au corps humains, de surcroit obligatoirement masculin... Une véritable programmation pour l'Inconscient collectif d'une bonne partie du monde puisque la religion chrétienne, Catholiques en tête, représente environ 31 % de la population terrestre, soit plus de deux milliards et demi de personnes en 2021. Quel formatage et blocage mental même si on se défend d'être influencé par lui !

Dieu ? Mais existe-t-Il seulement ? J'ai conscience que je peux choquer par ce questionnement plutôt abrupt. Pour ce qu'il en est de Son Principe, je répondrai que oui... Mais quant à l'apparence sous laquelle, nous Occidentaux, Le figeons, Le rétrécissons dans notre imaginaire collectif, j'affirme que non, bien évidemment. Nous ne sommes guère que des sortes de paramécies qui gesticulent de tous leurs cils, s'entêtent à vouloir définir l'Infini puis à s'en emparer avec arrogance pour se conforter dans leurs besoins et pouvoirs...

Au moins, le Judaïsme et l'Islam ont-ils eu la sagesse de ne pas concevoir que l'humain puisse se lancer dans la représentation de Dieu. Ils ont cela en commun. De là à en faire un acte d'impiété qui mérite châtiment, c'est autre chose... Plutôt que d'impiété parlons plus simplement et avec compassion d'ignorance et d'inconscience.

Quant à l'Hindouisme et au Bouddhisme, leur approche est différente. Sans vouloir entrer dans les détails, s'ils sont loin de concevoir l'Image divine comme celle d'un Être absolu et individualisé au cœur de l'Infini, ils en vénèrent des aspects, des émanations, sous les formes les plus diverses - parfois déroutantes - appelées divinités ou déités dont les attributs, les faits et les gestes serviront alors de supports de méditation.

Ces quelques éléments de réflexion ne doivent pas, bien sûr, nous faire passer sous silence la multitude des autres Traditions comme, par exemple, le *Parsisme*, le *Mazdéisme*, le *Sikhisme*, le *Jaïnisme*, le *Confucianisme* ou encore le *Taoïsme* et le *Shintoïsme*, bien que ces dernières se présentent plutôt très nettement comme des philosophies aux origines multiples... Et si nous jetons un coup d'œil légèrement en arrière, nous pouvons nous apercevoir que nous n'avons pas cité les innombrables grands Courants nés du Christianisme, de l'Hindouisme, du Bouddhisme et de l'Islam. Mais on n'en finirait plus.

Certains chercheurs vont jusqu'à dire que, depuis que notre Histoire collective est "mesurée dans le Temps", l'humanité aurait créé environ dix mille religions ou courants religieux. Évidemment, il ne faut pas exclure de cette observation les Traditions animistes le plus souvent regroupées sous le terme générique de *Chamanisme*. Bien qu'elles ne constituent pas une religion en soi, elles sont présentes d'un continent à l'autre et leur intérêt n'est pas des moindres car elles n'isolent pas l'homme de toutes les Forces de l'univers dans lequel il baigne depuis la Nuit des Temps.

Mais revenons quelques lignes plus haut car j'ai signifié que notre humanité "aurait créé environ dix mille religions".

C'est le mot "créé" qui est important parce qu'il me paraît flagrant, en considérant une telle mosaïque avec la multitude des couleurs qui la composent, qu'aucun Dieu en particulier n'est à son origine. C'est l'humain avec sa communauté globale qui s'est appliqué à construire au fil du Temps un tel puzzle dont certains éléments sont régulièrement contradictoires et souvent sources de dissensions… Ce qui laisse toujours intact le Mystère de Dieu, du Divin, de la Source !

Quel que soit l'impact de la succession des Grands Missionnés qui ont tenté de nous enseigner et de nous faire grandir tout au long des millénaires, Ceux-ci n'ont pu être que des Traducteurs de la Lumière face à des peuples incapables de voir plutôt que de regarder, incapables aussi d'entendre plutôt que d'écouter…

Des peuples enfin qui, ne craignons pas de le dire, avaient besoin de garde-fous, de béquilles et qui s'empressèrent donc de diminuer l'intensité de la Lumière proposée en inventant des lois, des dogmes, des crédos, des obligations et des interdits. Autant de boulets à tirer que de soumissions et de peurs à la place des "ailes" proposées !

Alors ? Alors cela nous ramène à l'épicentre de notre propos… à savoir qu'il convient avant tout d'Éprouver et de Vivre par soi-même plutôt que de "croire héréditairement ou même congénitalement" à ce que d'autres ont "pensé" à notre place et qui ne s'exprime que selon une foule de dissonances.

Lorsque chacun estime avoir raison dans sa foi, cela signifie que chacun se fourvoie et n'ouvre qu'une fenêtre parmi les milliers de celles qui donnent sur les splendeurs de l'Infini non formulable.

Bien sûr, cela n'exclut absolument pas la légitimité du besoin de "prendre refuge" au sein d'une Tradition qui correspond à notre sensibilité mais cela requiert simultanément la sagesse de chercher à entendre ce que les autres disent. Je ne m'exprime pas ici en termes de "tolérance" puisque le fait de "tolérer" sous-entend subtilement qu'on se sent "au-dessus de...". Je parle d'accueil et d'étude. Le Vécu commence là, dans l'intense volonté de compréhension de tous les visages de la Connaissance disséminés en ce monde, une volonté qui se doit de désagréger pacifiquement tous les "Sur ordre de Dieu" auxquels nous avons adhéré pendant des vies et des vies, systématiquement absous sous prétexte de "guerres saintes".

De toute urgence il nous faut donc maintenant abolir la moindre de nos frontières intérieures afin de percevoir le reflet de la Divinité en nous jusqu'à embrasser Celui-ci de l'âme.

Oui, Vivre commence là, par le respect et la sollicitation de cette trinité naturelle que j'ai soulignée dans cet ouvrage et dont nous abordons ici l'expression la plus affinée, celle de l'Esprit. Je me garderai bien pourtant de chercher à analyser son concept puisqu'il est tout aussi sujet à caution que celui de l'Âme ou de Dieu et qu'en s'y essayant on tombe inévitablement dans la sécheresse souvent conflictuelle des débats théologiques. J'ai remarqué qu'il n'y avait pas de meilleure recette que ce genre de dissection savante pour oublier l'œuvre de l'Esprit en nous, c'est-à-dire l'Essence même de la Spiritualité et de la Liberté absolue qu'elle distille.

1) Spiritualité et religiosité, foi et croyance

Voilà une "paire de duos" qui mérite d'être quelque peu explorée. Commençons par la première, celle du couple trop souvent mal assorti que forment la religiosité et la spiritualité. Tout au long de ma vie, je n'ai pu hélas que constater la confusion qui règne un peu partout autour de ces concepts à l'origine de deux mondes qui ne se rencontrent pas nécessairement alors qu'on pourrait l'espérer.

En effet, puisque la majorité d'entre nous est dotée d'une réflexion très embryonnaire dès qu'il s'agit de l'Invisible et du Sacré, il est communément admis que si on adhère à une religion c'est parce qu'on est forcément quelqu'un dont les préoccupations sont spirituelles. Analogiquement, il est tout aussi systématiquement supposé que si on est tourné vers une recherche spirituelle c'est parce qu'on a un centre d'intérêt de nature religieuse. Rien n'est pourtant plus faux et il est facile de comprendre pourquoi !

Étymologiquement, le mot "religion" tire sa racine du verbe latin *religare* qui veut dire "relier". Mais relier à quoi ? Initialement, relier à Dieu, Celui-ci étant généralement perçu comme extérieur à Sa Création et donc à l'humanité. Avec un peu d'analyse, force nous est cependant de constater que la nature de cette "reliance" n'a pas tardé à évoluer car la religion est assez rapidement devenue la marque d'un lien social, un lien existant entre les hommes et les femmes d'une même communauté de croyance afin de créer une force protectrice, un support de vie.

Cependant, quelle que soit la direction donnée à ce lien, verticale, horizontale ou les deux à la fois, la notion de religion sous-entend en filigrane une orientation de l'individu vers l'extérieur. Cette remarque peut déranger, j'en suis conscient, mais elle repose sur une logique : Dès lors que le Créateur est pensé séparément de Sa Création par des hommes qui "vont vers" Lui, dès lors que ces mêmes hommes se relient entre eux en formant des sortes de clans[1], sources inévitables de dissensions et de séparations, le mouvement ainsi généré

[1] Plutôt que de "clans", on pourrait aussi parler dans certains cas de véritables partis politiques comme l'ont démontré les Croisades, prétextes à satisfaire les convoitises, les guerres de religions ou aujourd'hui les différentes formes de Djihad.

devient "centrifuge", il provoque un éloignement de ce que je nomme le Noyau du Vivant.

Je n'en veux pour preuve que ces innombrables schismes au sein de toutes les religions... Ceux-ci ne se comptent plus, nous montrant ainsi que les "fractures du cœur" existent bel et bien. Trop souvent, la Lettre supplante le Souffle...

Ceci dit, et je n'omettrai certainement pas de le souligner, la plupart des religions, quelles qu'elles soient, ont permis à de grandes âmes de se manifester. Celles-ci y sont en quelque sorte les porte-étendards intemporels d'un Amour à entretenir, à revivifier constamment, un Amour toujours adapté à un certain contexte et en fonction d'une époque. Il ne faut pas les oublier ni les nier, de même que les grandes œuvres d'art où à dimension humanitaire qu'elles ont suscitées.

Tournons-nous maintenant vers le mot "spiritualité"... Celui-ci est plutôt vague, il faut en convenir. Cependant, il prend malgré tout sa pleine valeur par le seul fait que sa racine, l'Esprit, embrasse tout par son Essence qui traduit une proximité avec la Source unique. Il place face à une Réalité d'ordre cosmique.

Ainsi donc, plutôt que de nous entretenir d'une volonté de lien - qui présuppose une distance à combler - le concept de spiritualité nous parle d'Union en mettant en relief l'idée d'une "posture intérieure", d'un Yoga universel par lequel l'être cherche à se tenir *au-dessus de la mêlée* des crédos.

En empruntant une voie de spiritualité, on n'opte pas, je le répète, pour une attitude de tolérance mais pour une démarche à l'idéal fusionnel parce qu'à la rencontre de tous les discours empruntés par le Vivant à travers le filtre de l'humain.

Cela ne signifie pas, bien évidemment, un accord aveugle ni une acceptation tacite de tous ces discours mais un désir de leur compréhension, de ce qui les motive.

Cependant, au-delà de tout cela, emprunter une voie de spiritualité c'est aussi, j'y reviens, éprouver par soi-même la Caresse du Souffle par des recherches et des pratiques sollicitant l'être tout entier. C'est donc une démarche d'exploration intégrale du Sacré de la Vie.

On n'y fait pas de "tourisme", on n'y est pas à la recherche de petites recettes ainsi qu'il s'en trouve à foison dans certains milieux qui, bien que s'affichant "spiritualistes", finissent par fonctionner comme des sortes de clans avec leurs pseudo-maîtres auto-proclamés.

Tout cela m'amène maintenant à vous entretenir de notre second "couple" tout aussi rarement harmonieux que le précédent, celui formé par la foi et la croyance...

En regardant dans le rétroviseur de mes souvenirs, il m'arrive parfois de penser à l'abbé Édouard, le curé de mon enfance, un homme simple qui s'adressait aux gens simples que nous étions tous. Et je me remémore particulièrement le jour où il m'avait pris à part des autres - Dieu sait pourquoi ! - après la leçon de catéchisme à laquelle la plupart des enfants de mon âge se devaient alors d'assister. On parle de la fin des années cinquante...

- «As-tu la foi ?» m'avait-il demandé à brûle-pourpoint en posant une main sur l'une de mes épaules.

Je lui avais évidemment aussitôt répondu que oui, dans une certitude absolue, puisque j'allais au catéchisme, que j'apprenais "l'Histoire sainte" qu'on y enseignait, que je récitais mes prières chaque soir, que j'allais à la messe dominicale et que, au bout du compte, après m'être confessé, j'allais "faire ma communion" comme tous les enfants de mon âge, excepté les païens qui, eux, iraient forcément en Enfer...

J'étais on ne peut plus sincère. Pourquoi ai-je mémorisé cette anecdote plutôt anodine ? Je me le suis souvent demandé. Aujourd'hui, j'en suis venu à la conclusion que la question qui en était le centre, celle de la foi, avait subtilement interpellé quelque chose de "mystérieux et d'aérien" en moi qui n'avait alors jamais pu faire la différence entre le fait de croire aux Commandements de l'Église et celui d'avoir la foi…

Une différence que le brave abbé Édouard n'avait probablement jamais explorée lui-même, faute de l'avoir soupçonnée. Croire c'était croire, nourrir une foi totale, aveugle, sans se poser de questions impies. Bref, c'était le chemin du Paradis… si toutefois on ne quittait pas ce monde "en état de péché mortel", ce qui aurait bêtement tout gâché.

Maintenant que bien des années se sont écoulées, tout cela "ne passe" heureusement plus depuis fort longtemps et j'ai appris tout seul à me poser des questions quant à cette *petite Flamme* qui persiste au fond de chacun de nous et qui invite, entre mille autres choses, à s'interroger sur la nature de l'Esprit et de cette foi qui le pointe discrètement du doigt.

Bien sûr, en simplifiant tout, "avoir la foi en…" ne semble pas très différent de "croire en…". Sauf que… il existe une subtilité au sein de la foi qui fait qu'en la vivant, c'est-à-dire en l'éprouvant d'une quantité de façons, on finit par découvrir que "croire en…" fait désormais quelque peu figure "d'artillerie lourde" parce qu'on n'y fait pas "dans le détail" en se satisfaisant d'un crédo facile à vivre.

Peut-on enseigner la foi? Absolument pas. Peut-on enseigner une croyance? Sans aucun doute. On appelle cela persuader sur la base de textes incertains, faire du prosélytisme, convertir, voire, dans certains cas, pratiquer un lavage de cerveau ainsi que l'Histoire l'a maintes fois démontré et le démontre encore.

2) La crainte de l'autonomie

Ces multiples constatations et prises de conscience m'amènent à formuler une évidence : À un moment donné de son avance, un être humain se trouve inévitablement à une croisée des chemins. Il a un choix à faire. Va-t-il opter *ou non* pour l'autonomie de sa pensée et de sa croissance en direction de l'Esprit ?

C'est un choix qui peut s'opérer tout en douceur au-dedans de soi puisqu'il résulte d'une longue maturation. C'est aussi un choix qui peut s'avérer difficile et même douloureux à partir du moment où la dynamique de réconciliation avec toutes les strates de notre réalité - le refus de tout schisme intérieur - engendre des dysharmonies, voire des ruptures avec le milieu de vie.

Je veux dire que la simplification de tout, la pacification de soi avec soi, le mouvement de libération de tous les carcans que sont les crédos, que tout cela réuni est susceptible de nous faire entrer en "zone conflictuelle". Je fais ici allusion aux fossés qui vont presque inévitablement se creuser dès lors entre les différents aspects de notre milieu de vie, familial, amical, parfois amoureux, confessionnel et nous.

Il est facile d'en comprendre les raisons. Nos motivations ne sont plus les mêmes, notre langage entre en mutation, notre rayonnement aussi jusqu'à en devenir dérangeant pour notre entourage.

Au cours des décennies passées, il m'est arrivé de recevoir des courriers de "simples croyants" allant dans ce sens, de "gens d'Église" aussi, notamment de religieuses se disant incapables de s'autonomiser pour rejoindre avec cohérence la vastitude de leur foi intérieure. Il m'est arrivé aussi de rencontrer un prêtre qui avait par contre osé "quitter l'habit" et qui, de ce fait, vivait une traversée du désert parce que soudainement démuni de tout.

«Que savez-vous faire?» lui avait-on demandé alors qu'il était inévitablement à la recherche d'un emploi. «Quelle est votre formation jusqu'à présent?»... «Prêtre...». Sa réponse avait laissé pantois son interlocuteur qui ne voyait pas vers quoi l'orienter.

Mais dans tous les cas de figure, que l'on soit ou non engagé officiellement sur une voie de quête intérieure, le passage de la croyance religieuse à la foi autonome demande un certain courage face à la succession des ruptures qui ne manqueront pas de se présenter, dites ou non dites.

Je n'ignore pas, bien sûr, qu'il y a toujours eu de très grands mystiques, d'authentiques explorateurs de l'Esprit, ayant accepté leur assujettissement à un Courant religieux, mais je gage que dans leurs voyages intérieurs ils tenaient le même langage que leurs semblables issus d'autres Courants fort différents. Reste à savoir pourquoi ils ont alors choisi un jardin clôturé plutôt que la Nature entière pour s'exprimer... C'est leur secret.

C'est l'histoire de leur âme qui se confond souvent avec celle d'une mission enjambant les époques. L'un des meilleurs exemples qui soit nous a incontestablement été fourni par François d'Assise. D'ailleurs, en ce qui le concerne, bien des énigmes demeurent car, appelé dans un songe à "rebâtir l'Église", il a reconstruit une chapelle, aujourd'hui englobée sous la coupole d'une basilique romaine... Le symbole est explicite! Par ailleurs, des Frères Mineurs, issus de son Ordre, ne sont-ils pas allés, quelques siècles plus tard, convertir les "Sauvages animistes" des Amériques, plus ou moins en concurrence avec les Jésuites?

Mais revenons au cœur-même de notre sujet, celui de la Spiritualité en tant que voie de Liberté, de Libération et d'intégration pacificatrice de tous les apparents contraires.

À ce propos, une autre anecdote, bien plus récente que la précédente me revient "à l'esprit".

C'était il y a quelques années et, ainsi que cela arrive parfois à tout un chacun, je me trouvais à demi allongé sur le siège d'un cabinet dentaire... Situation banale dont on souhaite toujours s'extraire le plus vite possible. La dentiste était une jeune femme dans la trentaine et elle me voyait pour la première fois. Quelques mots d'usage naturellement échangés puis des questions de sa part auxquelles, la bouche ouverte, je ne pouvais répondre qu'en baragouinant. Et puis, tout à coup, alors qu'un petit instrument pointu finissait de se promener entre mes dents, voilà que la jeune femme en vint à me demander "ce que je faisais dans la vie". À question simple, réponse tout aussi simple.

- « J'écris des livres, lui ai-je fait, je suis écrivain. »

- « Ah ? Et qu'écrivez-vous ? Des romans ? »

La situation se compliquait car je savais d'expérience que j'entrais là sur un terrain mouvant. Quels mots trouver ? Il n'y en avait pas des quantités...

- « Non, pas des romans. Des livres de... spiritualité. »

Il y eut un petit moment de silence, une sorte d'apnée temporelle, puis j'ai vu le regard de la jeune dentiste se poser sur moi par-dessus ses lunettes.

- « Oh, ce n'est pas grave, fit-elle enfin... On a le droit de s'intéresser à tout... Et il en faut pour tout le monde ! »

Au ton de sa voix c'était comme si, prise d'une soudaine empathie, elle cherchait à me rassurer, à me déculpabiliser quant à la faiblesse, au problème, voire au handicap ou à la "tare" que je venais de lui avouer.

Que répondre ? À vrai dire, je n'en ai pas eu le temps. Déjà elle m'avait ouvert la bouche pour être bien certaine que je n'allais pas l'entraîner dans une situation pour elle embarrassante. Enfin elle s'est empressée d'appeler son assistante et notre échange s'est arrêté là. Une demi-heure plus tard, je quittais les lieux sur un banal "au revoir" décoloré.

Pas de surprise… Tout était conforme aux normes de notre société et à ce qu'elle sème en continu. Vous pouvez y parler de ce que vous voulez, même y aborder les sujets les plus "scabreux" mais, dès que vous prononcez certains mots comme, justement, le mot spiritualité, vous créez automatiquement un malaise, cela devient presque indécent et il faut vite tourner la page avec n'importe quel sujet désamorçant et surtout pas tabou…

«Au fait… Savez-vous quel temps on annonce en fin de semaine ?»

Voilà où nous en sommes globalement, voilà aussi la raison profonde de ce livre qui n'est rien d'autre qu'un ouvrage à vocation thérapeutique destiné à une vaste société dont la plupart des membres sont en situation de déni face au vide souffrant mais muet qui s'est installé en eux.

Chapitre X

Une divine exploration

Et si, sans le soupçonner, chacun de nous était une parcelle, même infime, de *Ce* que nous sommes capables de concevoir comme étant "Dieu" ? Une parcelle contenant en germe tous les éléments de ce "Tout"...

Serait-ce un délire de prétention ? Tout dépend de quelle façon la question est abordée. Si c'est de la manière dont un certain courant de pensée nord-américain de ces dernières décennies l'a formulé, on peut effectivement parler d'une belle enflure de l'égo.

Je dois dire qu'à plusieurs reprises il m'est arrivé d'être le témoin d'un tel dérapage en entendant les déclarations abruptes et faussement humbles de quelques personnes se plaisant à répéter tout naturellement « Je suis Dieu... ». Une affirmation péremptoire et simpliste qui ne faisait que traduire cttte sorte de mode "d'hyper-conscience" fleurissant alors au sein de la galaxie du Nouvel-Âge.

Fort heureusement, il existe une autre façon d'explorer et d'affirmer notre Essence divine. Notre égo, dans ses basses expressions, n'y a évidemment pas sa place. Ce n'est donc pas lui qui va exprimer la reconnaissance de cette Essence en la brandissant tel un étendard. Ce sera cette part de nous-même dont les yeux se dessilleront lorsqu'elle commencera à frôler le portail de la Sagesse et de la Connaissance en "se vivant" enfin inséparable du Divin.

Entrer en symbiose avec Lui, aspirer à être Son prolongement et à Le manifester à chaque instant… Voilà l'Intention de la véritable "Médecine des trois S" dont l'approche, coiffée d'une Spiritualité inclusive, tente de synthétiser la finalité de la Chair et de l'Âme.

Une spiritualité aussi ouverte que celle-là, ainsi d'ailleurs que toute spiritualité authentique, n'est pas un but en elle-même. Elle est le Feu par lequel la Source divine cherche à S'unir avec l'être incarné. Elle est aussi le canal par lequel ce dernier est amené à se laisser progressivement imbiber par l'Eau d'un baptême aux dimensions cosmiques.

« Dieu connaît chacun de nous ! » entend-t-on souvent de la bouche de nombreux prêcheurs et prédicateurs. *Eh bien, voilà une façon totalement erronée de formuler les choses !* Tout d'abord parce que c'est perpétuer une fois de plus l'image d'un Père céleste extérieur à nous passant son temps à nous observer ; ensuite parce que chacun de nous est pleinement responsable de son rapprochement avec l'Essence du Tout… qui n'est évidemment pas plus masculine que féminine ; enfin parce que chacun de nous doit parvenir à comprendre qu'il est l'artisan permanent de sa propre "divinisation" en transcendant tous les degrés de son être, strate par strate.

Être pénétré par cette vérité c'est réaliser que nous sommes semblables à des cellules qui ont pour mission de se hisser au niveau de la conscience de l'organe dont elles procèdent, sachant que cet organe participe à la fonction d'un système et que ce système est destiné à s'intégrer à un organisme qui lui-même s'épanouit en un corps, un projet en éternelle évolution.

Comprenons que cette notion de responsabilité au cœur d'un *In-Fini* - au sens premier du terme parce que toujours perfectible vers l'Inconnaissable - est capitale.

Elle va bien sûr à l'encontre de tous les crédos religieux qui figent l'Image de Dieu ou du Divin dans un état de "finitude" et de perfection totales désespérantes pour l'humain dès lors bloqué dans une dépendance, voire une servitude qui en font un éternel pécheur. Avec une telle conception des choses, on n'est pas loin de certaines affirmations de l'apôtre Paul, incontestable architecte d'une logique typiquement "romaine"[1]. On se trouve donc là aux antipodes de la réintégration de l'être conscient de lui-même au sein d'une Source omniprésente et omni-aimante dans une constante auto-élaboration.

Cela me suggère le rappel de cette célèbre phrase de Louis-Claude de Saint-Martin déclarant que « Dieu a besoin des hommes ». Une façon d'enseigner que la Source, comme toute source, "EST" dans la mesure où tous les atomes qui constituent l'eau de ses flots "SONT" puisqu'ils sont destinés par nature à remonter vers Elle dont ils perçoivent le surgissement pour finalement "RE-NAÎTRE" tout en La nourrissant.

Je conçois que cet énoncé ne soit pas aisé à décoder mais la complexité d'une lecture, lorsqu'elle est mesurée et intentionnelle, peut parfois s'avérer indispensable à la maturation de qui s'y adonne…

1) Du cosmique au microscopique et à l'infinitésimal

C'est dans cet ordre d'idée que je vous convie maintenant à un "petit" voyage dans notre galaxie intérieure, celle dont nous soupçonnons difficilement que nous puissions en être

[1] Voir "Les Apocalypses de Jean", chapitre VII, du même auteur. Éd. Le Passe-Monde.

la Source divine. En effet, si nous parvenons à parler sans problème d'une Source au niveau cosmique, il n'en est pas de même dès lors que nous acceptons de nous tourner vers ce qui nous constitue jusqu'au niveau microscopique et dont nous sommes assurément la Source, le Grand Soleil central...

En termes plus simples, cela signifie que par l'action et le rayonnement de notre esprit, nous sommes le "Dieu" de l'intégralité de notre être manifesté et que notre mission en tant que tel est de faire fleurir la supra-conscience au creux de tout ce dont notre organisme est fait.

Cette compréhension de notre place et de notre rôle au cœur de l'Univers est centrale dans l'Enseignement du *Tantra* tel que nous l'avons survolé au second chapitre de cet ouvrage. Il y est question de la "divinisation" non seulement de nos cellules mais de tout ce qui fait pulser celles-ci jusqu'à l'infiniment petit.

Le *Tantra* représente la quintessence d'un Yoga total puisqu'il tend à faire fusionner toutes les dimensions de l'être. Chaque cellule qui participe à la réalité charnelle de celui-ci y est considérée elle-même comme un être à part entière à réveiller et dont il faut stimuler pour cela la conscience vers l'autonomie.

La réveiller signifie de ce fait commencer par la respecter et l'entretenir sur les deux niveaux de sa manifestation physique, la plus dense - celle qui se montre palpable - et la plus subtile, celle de son double éthérique.

La respecter et l'entretenir, ce sera aussi la nettoyer des résidus de ses frustrations dans une quête d'équilibre. Ce sera enfin lui enseigner le sens de la prière du cœur, donc du Sacré, en cultivant avec elle un constant dialogue "divinisateur". On parlera alors de *philocalie*, autrement dit de ce qui est vrai, beau et bon.

Ainsi, chacun de nous peut et devrait s'adresser à son corps comme un "père-mère" qui prend naturellement en charge chacun de ses enfants pour les faire croître en santé, en sagesse et bien sûr vers une indépendance libératrice.

C'est là la véritable signification de la fameuse "résurrection de la chair" ou "résurrection des morts" qu'évoque la Tradition chrétienne. Une "résurrection" qui doit être comprise en tant que "sublimation", c'est-à-dire élévation à un niveau d'accomplissement supérieur.

La chair qui ressuscite, c'est la chair qui s'élève dans l'ordre vibratoire de la Création, autrement dit dans l'organisme cosmique que notre esprit peut enfin assimiler au Corps du Divin.

Quant aux "morts qui ressuscitent" - si on privilégie cette expression - ils représentent l'ensemble de nos cellules qui s'extirpent d'une sorte de coma... Une autre façon de parler du même processus ascentionnel auquel nous sommes invités. Une façon également d'esquisser la possible accession de l'humain à cet univers vibratoire que les Orientaux nomment *Shambhalla* et qu'en Occident on appelle parfois *Shimbolom*, la *Jérusalem céleste*.[1]

Ainsi l'Enseignement proposé par le *Tantra* a-t-il en résumé une intention simple et limpide. C'est celle de l'ensoleillement intégral de tous les aspects, de toutes les fonctions de notre corps, de nos sens, bien sûr, et des différents états de floraison de notre âme en expansion vers *la* Conscience des consciences.

---

[1] Le Symbole ou encore le "Saint Bol", le Graal, autrement dit la Coupe destinée à recueillir la Quintessence du Divin... La pierre de Shintamani, Norbu.

2) Les éléments d'une méthode

De l'intention à la réalisation il y a évidemment tout un itinéraire à parcourir dont la longueur ou la durée ne se calculeront jamais en unités mesurables puisque l'espace et le temps ne signifient rien en eux-mêmes... Un itinéraire toutefois que le poète et mystique persan Rumi a magnifiquement exprimé par ces mots : *« Sur le même chemin si souvent revenus... »*

On captera dans ce vers une sublime allusion à la roue des réincarnations mais aussi un rappel nostalgique de nos éperdues tentatives de rapprochement vers l'axe de cette roue dont seule l'atteinte mettra fin à nos marches solitaires.

Pour passer de la vision de l'Idéal conçu à l'intégration de ce dernier, le *Tantra cachemiri* dont l'Enseignement s'est toujours voulu pratique a su inventer une méthode d'expansion de la conscience qui se déroule essentiellement selon deux phases complémentaires...

Les plus récentes découvertes de l'astrophysique pourront donner à celle-ci une dimension encore plus fascinante qu'elle ne l'avait autrefois puisque notre "terrain d'apprentissage" ne sera autre que celui de l'Univers des univers tel qu'il se laisse approcher aujourd'hui.

En effet, nous savons maintenant que cet espace incommensurable compte pour le moins 2000 milliards de galaxies et que la nôtre, à elle seule, se compose d'environ 250 milliards d'étoiles, c'est-à-dire de soleils dotés chacun de plusieurs planètes...

Voici donc la première phase de cette méthode qui, comme la suivante, se pratiquera de préférence dans la position de "la dépouille" ou de "l'Abandon"[1].

---

[1] Voir page 29.

a) Phase 1

Elle consiste d'abord à réaliser intérieurement le "fait" que nous sommes le Créateur et qu'afin de pénétrer cette vérité nous allons visiter notre Corps car c'est par lui que nous nous manifestons. Cela signifie que nous allons descendre en lui et mieux le connaître, fonction par fonction, organe après organe... Autrement dit, nous allons nous percevoir composé d'une infinitude de galaxies et de systèmes solaires dont tous jouent un rôle précis, un rôle éclairé par notre Amour.

Inutile de leur attribuer un nom en les ressentant ainsi du dedans... sauf s'il en est un qui vient à émerger de lui-même, témoin probable d'un manque, d'une peine, d'un oubli et qui appelle donc à plus d'Amour encore. Identifions alors cette galaxie, ce soleil ou cette planète... Descendons au cœur de ce qui les fait être.

Sommes-nous au sein de telle ou telle zone de notre gorge, de nos poumons, de notre abdomen, de notre bas-ventre, de nos cuisses, de nos genoux ou encore de la plante de nos pieds ? Immergeons-nous dans ces êtres pleinement vivants que sont leurs cellules, chacune avec son soleil central...

Ce n'est pas notre capacité d'imagination qui est ainsi sollicitée et qui va agir mais notre Abandon total à la vérité de ce qui EST. Oui, ce qui EST puisque de toute évidence nous ne faisons qu'UN avec le Créateur, bien au-delà de ce que notre mental peut s'évertuer à construire.

« Pourquoi devais-je chercher ? écrivait encore Rumi. *Je suis le même que LUI. Son Essence parle à travers moi... »*

De cette pratique s'ensuivra alors un sentiment de plénitude, un état de complicité avec le Divin qui, peu à peu, fera de nous Son prolongement jusque dans l'intimité de nos cellules de plus en plus appelées à se "solariser". C'est précisément à partir de ce point que va s'articuler la deuxième phase de notre méthode.

b) Phase 2

Afin de mieux prendre conscience de l'ampleur de ce qu'elle sous-entend, je vous propose que nous nous rendions au préalable au niveau de la cellule elle-même puisque celle-ci nous introduit directement au cœur d'un autre cosmos insoupçonné...

Nous avons vu précédemment que notre Univers perceptible compte pour le moins 2000 milliards de galaxies, un chiffre qui a de quoi donner le vertige... mais qu'il faut maintenant mettre en parallèle avec celui du nombre de cellules dont un corps humain est en moyenne constitué : 100 mille milliards... lesquels milliards vont eux-mêmes se décomposer en une infinité d'unités beaucoup plus "petites" dont certaines n'ont sans doute pas encore été identifiées ou détectées.

A priori, il est très simple de se représenter une cellule humaine. Nous savons tous qu'elle est faite d'une membrane, d'un cytoplasme et d'un noyau. Cependant, à part les spécialistes en biologie et les généticiens qui les étudient - sans doute assez froidement pour la plupart - sommes-nous nombreux à nous être interrogés sur le rôle et la composition de ces trois parties ? Je ne le pense pas.

Il n'est bien sûr pas question ici d'entrer dans les dédales de la biologie et de la génétique mais de simplement prendre conscience de l'étendue troublante qui s'offre au regard dès lors que celui-ci décide d'aller du microscopique vers l'infiniment petit... Voici les très modestes éléments d'une première observation :

La membrane cellulaire joue le rôle d'un transmetteur d'informations et de nutriments - ou de déchets - tout aussi bien vers l'intérieur que vers l'extérieur de la cellule. En évoquant immanquablement un placenta, elle est donc une sorte de Mercure, un messager qui voyage du haut vers le bas et inversement.

Le cytoplasme, lui, se définit comme une solution aqueuse dans laquelle baignent, entre autres, des protéines et des acides... Il est difficile de ne pas y voir l'équivalent d'un liquide amniotique.

Quant au noyau, il contient notamment les chromosomes et le bagage génétique de l'être. Impossible de ne pas le comparer à cette mémoire fondamentale, à cet atome-germe, ce condensé de la Présence divine au cœur de chacun de nous.

Partant de ces quelques données, ce n'est donc plus au niveau de chaque système ou organe ou partie de notre corps qu'il va nous falloir descendre mais à celui de nos cellules et de leurs plus infimes constituants afin de les ensemencer de notre Amour.

On peut cependant s'en douter... puisque tous nos organes ne se ressemblent pas, toutes nos cellules ne sont pas identiques. Si, par exemple, celles de nos muscles prennent la forme de bâtonnets, celles de notre cerveau ressemblent à des étoiles. Comment ne pas s'en émerveiller ?

Ainsi, le relais physique qu'est le cerveau en regard de la conscience - qui lui est bien sûr extérieure - fait-il songer à sa manière à une voûte céleste étoilée, celle que les méditants cherchent parfois au fond de leur "cellule"...[1]

Cependant que nous sommes à nouveau allongés dans la position de l'Abandon, la Divinité que notre conscience représente pour notre corps va par conséquent maintenant descendre dans ses cellules ou plutôt parmi les cosmos de celles-ci, d'immenses espaces se pénétrant les uns les autres jusqu'à l'infinitésimal... l'Inconnaissable.

Mais... quelles cellules ? En priorité - et c'est compréhensible - celles qui peuplent une zone de notre organisme qui a su intuitivement retenir notre attention[2]. Faudra-t-il alors tenter de les rejoindre en les visualisant ? Non... L'Amour que nous leur devons demande simplement à ce que notre conscience soit en symbiose avec elles à la manière d'une eau qui se glisserait entre les grains de sable d'une plage dans un mariage parlant à la fois le langage de la *Shruti* et celui du *Darshan*.

Rien de bien complexe pourtant dans cette aventure intérieure, cette autre exploration de l'intime du Vivant. Au contraire, tout devient limpide dès que l'on accepte d'abandonner tout besoin de contrôle face au vertige car le Chant de la *Shruti* est aussi présent et à l'œuvre dans nos galaxies cellulaires que dans celles qui scintillent au firmament, au-dessus de nos têtes.

Ce Chant monte-t-il de l'essence de notre chair ou est-ce plutôt notre supra-conscience qui sans cesse l'infuse

[1] Pour les Bouddhistes, le cerveau n'est qu'une sorte d'interface entre l'esprit et l'univers révélé par les cinq sens. On pourrait aussi le comparer à un ordinateur plus ou moins performant et qui est évidemment "piloté" par une conscience extérieure à lui.

[2] Voir le paragraphe a) des "Éléments d'une méthode" de ce chapitre.

à celle-ci ? C'est un faux problème. La *Shruti* est *la* Messagère interstellaire par excellence. Elle s'offre et se reçoit sans qu'il soit besoin de chercher à y décoder mentalement quoi que ce soit.

Et la merveille c'est qu'il en est quasiment de même pour le *Darshan*... Dans cet état d'hyper-conscience et d'infinie compassion, le Divin *en nous* a pour mission de répandre la totalité de Sa Présence sur et dans nos milliards de galaxies cellulaires à la mesure où celles-ci nous renvoient l'onde de leur gratitude et de leurs espoirs. Tout n'est qu'incommensurable échange.

Dans l'infiniment petit comme dans l'infiniment grand, tout est cosmos, tout est monde, tout est corps, organe, cellule et tout apprend à se souvenir pour Être... Être afin de parvenir à "fonctionner" de façon autonome mais en interaction harmonieuse avec... Tout. C'est pour cela aussi que chaque "chose" se renouvelle en permanence et que la fixité est un mirage.

Bien évidemment, apprendre à Être c'est expérimenter, nous l'avons vu, le sens de la liberté, c'est-à-dire celui du risque et observer le rôle joué par les "dissidences".

Chacun sait aujourd'hui que des virus peuvent infecter des cellules, que ces cellules infectées et donc souffrantes sont communément appelées "cellules-hôtes"... et que la condition de ces dernières fait qu'elles en viennent à éclater pour infecter d'autres cellules.

Pour davantage de lumière, transposons cela à tous les niveaux de la Création, acceptons d'en accueillir l'enseignement et grandissons en sagesse, un peu plus matures quant à l'ampleur de l'Amour à laisser couler à travers nous.

Sommes-nous "partants" pour tout irriguer ? Sommes-nous également "partants" pour que notre corps, notre âme et notre esprit s'épousent dans une suprême alchimie au cœur de la Chambre Nuptiale ?

Ce qui nous est demandé par le Vivant qui pulse en nous, c'est de ressusciter le Corps du Yogi total, peu importent les sommeils et les nuits sans étoiles qu'il nous faudra traverser...

Chapitre XI

La Joie en guise d'épilogue

En Inde et dans les Himalayas, il est dit traditionnellement que la totalité de l'Enseignement du *Tantra* fut révélée par Shiva pour guider l'espèce humaine dans sa traversée du *Kali Yuga*, c'est-à-dire l'Âge de Fer, notre espace temporel depuis des millénaires et des millénaires.

Faut-il qualifier cet espace d'involutif ainsi que beaucoup le pensent ? En théorie oui si on s'en tient à l'observation froide des mouvements du Grand Balancier cosmique, mais… dans la pratique non ; non parce que toute énergie "descendante" porte en germe les leçons d'une régénération qui pousse la Force de Vie vers un niveau de réalisation toujours supérieur au précédent.

En faisant de l'approche du *Tantra* et de quelques-unes de ses ramifications à travers d'autres cultures le pivot de cet ouvrage, c'est donc le rôle à la fois sismique et fulgurant de Shiva - le Souffle secouant du Divin - que j'ai cherché à mettre en évidence. C'est pour cette raison que la Chair et l'Esprit, le Terrestre comme le Céleste s'y côtoient à chaque page au point de rencontre de l'âme, s'adressant ainsi à la sensibilité et au cœur de chacun… Le Désir de Sublimation en est le but ultime.

Un tel Désir, souvenons-nous-en, est le reflet de la Pulsion originelle de la Source car, je le répète, le Sacré réside en tout, du sexe de l'humain au sommet de son crâne, de la matrice de la Terre à la glande pinéale des Univers et plus encore, là où les mots n'ont plus cours.

Lorsqu'il m'arrive d'observer notre monde et les humains que nous sommes, ses locataires d'un temps, je suis souvent "saisi" par une sorte de vision. Je nous y vois telle une colonie de mouches qui ne cessent de se heurter à une vitre derrière laquelle elles aspirent à un espace inatteignable faute de pouvoir identifier le moyen de son accès.

Que l'on ne voie surtout aucun mépris dans cette remarque. Elle n'est rien d'autre qu'une constatation en forme d'analogie que j'espère parlante à ces chercheurs de vérité que j'appelle les Aventuriers de l'Esprit. Ceux-là bravent la peur du vide en eux pour y contempler l'Infini et s'offrir à Ses bras.

Juste de belles idées illustrant de beaux principes? Certainement pas! Plutôt une tentative de retranscription de ce qui est, ainsi que l'expression de la nécessité de faire éclater notre bulle d'errance. Celle-ci est une sphère d'illusion et nous sommes éduqués à l'entretenir puisque le besoin de vérité et donc de liberté sont infiniment tabous au point d'être les arguments d'une crucifixion dans tous les sens du terme.

Je me suis parfois demandé si l'athéisme n'était pas un passage obligé sur le chemin de notre évolution. En fait, il s'agissait d'une fausse interrogation car j'en ai toujours été convaincu. Il est évident que parmi la multitude de vies que nous avons traversées nous avons visité tous les "états d'âme" et tous les "états d'esprit" possibles ou presque, bien que nous n'ayons pas encore réussi à sortir de notre labyrinthe. Il en est de même pour l'agnosticisme qui place le Divin - à condition qu'Il existe - hors d'atteinte de l'humain et de toute religion.

En vérité, ces deux positionnements me paraissent logiques et compréhensibles tant que les apprentis que nous sommes n'auront pas abandonné leur assujettissement à la "doctrine" de la preuve à obtenir ou au besoin de se cramponner à des crédos rassurants.

C'est en cela que la démarche tantrique, qu'elle en porte le nom ou pas, se distingue radicalement des autres. En englobant tous les domaines de l'être, elle invite à l'expérimentation, autrement dit à un vécu intense qui désamorce nombre de tergiversations. Elle propose à chacun, individuellement, les éléments d'une réponse en même temps que l'interrogation est posée. Elle n'exclut rien de ce à quoi l'humain est confronté ni de toutes les dimensions qui contribuent à le façonner.

En nous enseignant comment dépasser la dualité corps/esprit ou encore sexualité/spiritualité, elle dissout les racines de la crainte, voire de la peur.

En fait, son principe et tous ceux qui s'en rapprochent à travers différentes cultures et époques, défrichent un chemin de Joie.

La Joie… Voilà un mot dont la signification profonde a peu à voir avec celle qu'on lui donne généralement parce qu'elle n'a rien de commun avec les notions de plaisir, d'agrément ou de divertissement dont on l'entoure de manière habituelle.

La Joie, telle que la réconciliation de la Matière et de l'Esprit la fait éclore en soi est l'assise de l'être qui, enfin, se révèle à lui-même, elle place son ancrage dans le Sublime. Il est d'ailleurs très significatif de la trouver si peu présente autrement qu'en mots dévitalisés, c'est-à-dire en théorie, chez la majorité des Chrétiens. Il y a bien longtemps que le fameux «Réjouissons-nous, mes frères» prononcé de manière éteinte et si peu engageante par les officiants romains a fait d'insondables dégâts chez leurs fidèles.

Cette Joie existait pourtant bel et bien dans les Communautés johannistes des deux ou trois premiers siècles, une période après laquelle elle a été progressivement censurée avec le développement du Courant de pensée initialisé par l'apôtre Paul… « On ne saurait vénérer Dieu que dans la crainte ! » énonçait celui-ci.[1]

Elle a été censurée parce que jugée dangereuse puisque libératrice dans un contexte où l'apôtre faisait des humains que nous sommes les quasi-esclaves de "Dieu", soumis au devoir de repentance en raison de leur "souillure originelle." Un mécanisme d'autoflagellation et, pour tout dire, mortifère superbement décodé par Umberto Ecco dans son œuvre majeure, *Le Nom de la Rose.*

Oui, effectivement, pour certains la Joie représente un danger dans la mesure où elle est une clé majeure dans le mécanisme de dilatation du canal de la *Sushumna*, celui de l'Arbre de la Connaissance.

Elle est aussi l'introductrice de l'humour et du rire, ces grands artisans de la détente de l'être, de sa décrispation. On oublie bien trop souvent le rôle de ceux-ci en se laissant inconsciemment tromper puis plomber par le masque de sériosité induit par la plupart des quêtes intérieures.

Dans les faits, humour et rire désamorcent nos peurs héréditaires et programmées en ouvrant des portails de simplification.

Lorsqu'on prend conscience de cela, notre rapport avec nous-même et avec le monde change de couleur et aussi de saveur. On peut y goûter différemment parce qu'on apprend à distinguer dans chacun de leurs composants une occasion de nous rapprocher de la Source en nous, jusqu'au cœur même des embûches. Il n'y a dès lors plus vraiment d'échecs

---

[1] Voir "Les Apocalypses de Jean", chapitre VII, du même auteur aux Éditions Le Passe-Monde.

dignes de ce nom mais des apprentissages. Il n'y a plus non plus de réussites glorificatrices mais le bonheur simple d'une humilité ennoblissante.

Serions-nous nés pour combattre et souffrir? C'est à nous d'en décider. Le penser serait toutefois commettre un terrible contresens face à la Vague du Vivant. Nous sommes au contraire nés pour mettre fin à la dramatisation de nos existences.

Combien de querelles, de déchirures, de violences et de guerres n'auraient-elles pas pu être évitées avec un peu d'humour et de joie au cœur? Il nous faudrait maintenant apprendre à voir en l'un comme en l'autre les remèdes infaillibles aux crampes du bas-égo. Plus jamais de territoires à défendre…

Le principe du *Yab-Yum* n'illustre finalement que cette posture intérieure par laquelle la Chair se met à prier, à méditer et à contempler de concert avec l'Âme et l'Esprit.

C'est au sein d'une telle attitude que la fleur de la Réalisation pourra se déployer car sa Puissance est la mère du Bonheur universel.

Et pour conclure ces propos, il me semble n'y avoir rien de mieux que cette anecdote humoristique teintée d'une certaine philosophie...

La scène se passe dans un lieu de culte dans lequel une assemblée écoute religieusement les paroles d'un prêtre ou d'un prédicateur. Dans sa fougue, celui-ci en vient à déclarer en pointant du doigt le plafond :

- « Dieu a dit... »

Mais voilà que soudain, dans le fond de la salle, on aperçoit une silhouette qui se lève et s'exclame :

- « Moi ? Mais... je n'ai rien dit du tout ! »

« J'ai découvert l'identité de toutes les religions
et donc je n'en remets aucune en doute
car la Divinité m'apparaît en toute chose,
du grain de sable
à l'étoile la plus éloignée,
de l'infiniment petit à l'infiniment grand. »

Giordano Bruno

Table des matières

Advaïta

Libérer le Divin en soi

Daniel Meurois

Ce livre aborde le point le plus important qui puisse exister dans la vie d'un être humain : la reconnaissance de la Force qui l'habite, celle d'une merveilleuse Lumière.

Son but ? L'apaisement de nos angoisses, de nos peurs, de nos errances, de nos souffrances et la découverte, en nous, d'un Espace de Paix que rien ne peut souiller. L'état par lequel cet Espace intérieur se vit porte un nom : *ADVAÏTA*.

Si les Traditions affirment qu'on n'y goûte qu'à l'issue d'une longue route vers la Sagesse, Daniel Meurois nous en parle ici d'une manière différente et simple.

Il en place la quête dans notre contexte quotidien et rend son approche accessible à tous ceux qui veulent sincèrement ¨passer à une autre vitesse¨ et renaître à eux-mêmes… Là où le sens de l'Unité se révèle, tel un Joyau…

Ses outils ? Bien sûr une somme considérable d'informations, d'anecdotes et de réflexions qui relèvent de son propre vécu mais aussi une importante série d'exercices pratiques et de méditations, à la portée de chacun.

À lui seul, *ADVAÏTA* propose donc une véritable méthode de croissance particulièrement adaptée à notre société en extrême mutation.

On s'aperçoit alors que *libérer le Divin en soi* n'a rien d'inaccessible et devient le but évident et incontournable de tous ceux qui optent pour la Paix et la Joie… en eux et dans notre monde.

Un livre qui unit le subtil et le concret, un livre nécessaire...

ISBN ; 978-2-923647-53-1-22-7

Ces âmes qui nous quittent

12 récits véridiques venus de l'Au-delà

Marie Johanne Croteau-Meurois

On a déjà beaucoup écrit sur la mort et les mondes de l'Après-vie. Il existe toutefois peu d'ouvrages consacrés à ce que vivent les âmes de ceux qui quittent notre monde dans des conditions difficiles, soudaines, parfois dramatiques... Un accident, une maladie dévastatrice, un refus d'espoir en l'existence d'une autre réalité, ou encore un meurtre.

Que se passe-t-il pour elles ? Que traversent-elles et que pouvons-nous faire pour les aider ?

Avec *Ces âmes qui nous quittent*, Marie Johanne Croteau-Meurois comble une telle lacune.

À l'aide de douze récits authentiques, elle partage avec nous son surprenant vécu auprès d'âmes qui ont quitté cette vie dans des circonstances douloureuses et même dramatiques.

Il en résulte ce livre-témoignage poignant, riche en informations, en connaissances et aussi porteur d'une immense compassion.

Une source d'inspiration ainsi que de réconfort et d'espoir pour mieux comprendre le sens de la vie et de ses prolongements.

ISBN ; 978-2-923647-53-1

Les maladies karmiques

Les reconnaître, les comprendre, les dépasser

Daniel Meurois

Après plus de 35 années d'expérience en lecture d'auras et des milliers de cas étudiés, Daniel Meurois nous fait part de ses découvertes dans un domaine totalement méconnu, celui des maladies karmiques. À l'aide de nombreux exemples, de façon imagée et éloquente, il nous fait ainsi pénétrer dans une compréhension différente du fonctionnement de l'être humain.

En effet, un certain nombre de maladies, de symptômes physiques ou même de troubles du comportement sont mal cernés, voire tout à fait incompris par les approches dites classiques de la santé. Qui n'a jamais entendu parler d'asthmes récalcitrants, de maladies de peau interminables, de dysfonctionnements étranges voyageant d'un organe à l'autre ou encore de peurs inexplicables ?

L'approche non conventionnelle de la question par Daniel Meurois, qui fait appel à des mémoires résultant d'existences antérieures, pourrait bien fournir d'importants éléments de réponse… Ce sont précisément ces éléments que nous propose cet ouvrage riche en informations et conçu pour s'adresser à tous. En nous faisant partager sa vision différente de certaines maladies ou de certains déséquilibres, l'auteur nous aide ainsi à mieux pénétrer les mystères du fonctionnement humain dans leurs rouages les moins explorés. La détection puis la compréhension des troubles d'origine karmiques deviennent alors, souvent, des points de départ pour une réelle croissance intérieure, des éléments déterminants pour soigner l'âme et le corps.

ISBN : 978-2-923647-11-1

Le Don du Souffle

De la Galilée à la Camargue,
une disciple du Christ raconte…

Marie Johanne Croteau-Meurois

Marie Madeleine, Salomé, Jacobée… Au-delà de l'image classique forgée par les siècles, on sait peu, des véritables évènements et de la Force qui ont porté ces trois premières disciples du Christ à franchir la Méditerranée pour aller vivre et enseigner sur les rivages du sud de la Gaule.

De la Galilée à la Camargue… Le sous-titre de cet ouvrage résume l'immense quête de l'Esprit et la Puissance du Souffle qui ont animé ces trois femmes hors du commun, mais très éloignées dans leur quotidien des ¨Saintes¨ figées par la Tradition.

Parce qu'elle nous les fait suivre dans leur traversée d'une mer hasardeuse puis dans leur patiente transmission de l'Onde de Guérison christique à un peuple de simples pêcheurs, Marie Johanne Croteau répond ici à une multitude d'interrogations et comble aussi un vide historique.

En nous faisant découvrir le culte celtique de Bélisma, la déesse-mère, en perçant le mystère de Marthe dans ce petit village provençal qui deviendra Tarascon, puis en nous contant de quelles façons la Parole christique a peu à peu été accueillie sur une nouvelle terre, ce récit tendre et passionnant est un baume pour le cœur.

Par son accès à la Mémoire du Temps à travers le regard de Salomé - Shlomit - l'auteur nous invite à mieux découvrir la véritable nature du Souffle de Guérison qui, deux mille ans plus tard, vient toujours nous solliciter et nous émerveiller.

Livre thérapeutique par sa douceur et ses données subtiles, œuvre consolatrice, levier de croissance et témoin lumineux dans notre monde de doutes et de peurs, *Le Don du Souffle* nous emporte dans une narration qui répond amoureusement à nos appels d'aujourd'hui.

ISBN : 978-2-923647-68-5